中|华|国|学|经|典|普|及|本

传习录

〔明〕王阳明　著

姜波　译注

中国书店

图书在版编目（CIP）数据

传习录 / （明）王阳明著；姜波译注 . —北京：
中国书店，2024.10
（中华国学经典普及本）
ISBN 978-7-5149-3383-3

Ⅰ . ①传… Ⅱ . ①王… ②姜… Ⅲ . ①心学—中国—
明代 Ⅳ . ① B248.2

中国国家版本馆 CIP 数据核字（2024）第 056917 号

传习录

〔明〕王阳明 著　姜波 译注

责任编辑：赵文杰

出版发行：中 国 书 店
地　　　址：北京市西城区琉璃厂东街 115 号
邮　　　编：100050
电　　　话：（010）63013700（总编室）
　　　　　　（010）63013567（发行部）
印　　　刷：三河市嘉科万达彩色印刷有限公司
开　　　本：880 mm×1230 mm　1/32
版　　　次：2024 年 10 月第 1 版第 1 次印刷
字　　　数：200 千
印　　　张：10
书　　　号：ISBN 978-7-5149-3383-3
定　　　价：66.00 元

前言

　　《传习录》是中国明代哲学家、宋明道学中心学一派的代表人物王阳明的语录和论学书信。"传习"一词，源自《论语》中的"传不习乎"一语。

　　王阳明（1472—1529），幼名云，后改名守仁，字伯安，号阳明，谥文成，世称阳明先生。汉族，浙江绍兴府余姚县（今浙江省余姚市）人，明代著名的思想家、教育家、文学家、书法家、哲学家和军事家。阳明先生是陆王心学之集大成者，不仅精通儒、释、道三教，而且能够统军征战，是中国历史上罕见的全能大儒。其学术思想在中国、日本、朝鲜半岛以及东南亚国家乃至全球都有重要而深远的影响，因此，王阳明和孔子、孟子、朱熹并称为"孔、孟、朱、王"。

　　王阳明的学说在朱学衰颓之际，倡导"心即是理""知行合一"，把儒家的内圣之道发展到了极致，其思想冲破了数百年来中国思想界为程朱理学所垄断的沉闷局面，风靡晚明，启迪近代，即使到了现代社会，依然闪耀着美妙的光芒。这正是经典与众不同的魅力所在。

　　阳明学不仅影响了中国，而且享誉海外。在日本，阳明学被一大批幕府末期的思想家所接受，推动了日本的明治维新。

在经济腾飞期的韩国，阳明学被奉为精神的范本。后来，其影响又逐渐深入到东南亚诸国、北美洲和欧洲，可见其思想的价值和魅力。

《传习录》不但全面阐述了王阳明学说的主要哲学思想，也体现了他辩证的授课方法，以及生动活泼、善于用譬、常带机锋的语言艺术，是研究王阳明思想及心学发展的重要资料，同时也是一部简明而有代表性的儒家哲学著作，堪称王门之圣书、心学之经典。

《传习录》是在王阳明生前及死后陆续编录和刊行的，载于《王文成公全书》，分为上、中、下三卷，亦有单行本。卷上是王守仁讲学的语录，内容包括他早期讲学时主要讨论的"格物论""心即理"以及有关经学本质与心性的问题。卷中主要是王守仁写给时人及门生的七封信，实际上是七封论学书，此外还有"社会教条"等。在中卷最有影响的是《答顾东桥书》和《训蒙大意示教读刘伯颂等》，着重阐述了"知行合一"和"致良知"理论。下卷一部分是讲学语录，另一部分是《朱子晚年定论》。《朱子晚年定论》包括王守仁写的序和由他辑录的朱熹遗文中三十四条"大悟旧说之非"的自责文字，旨在让朱熹做自我批评与自我否定，证明朱熹晚年确有"返本求真"的"心学"倾向。下卷收录的王守仁讲学语录主要是讨论"良知"与"致良知"。

本书选取《传习录》的精华并进行了全面而细致的解读，阅读本书不仅能帮助读者更加透彻地理解《传习录》，而且能让读者收获更多的人生智慧。

目录

下卷

上

卷

徐爱^①录

1.

【原文】

　　先生于《大学》"格物"诸说，悉以旧本为正，盖先儒^②所谓误本者也。爱始闻而骇，既而疑，已而殚精竭思，参互错综，以质于先生。然后知先生之说，若水之寒，若火之热，断断乎百世以俟圣人而不惑者也^③。先生明睿天授，然和乐坦易，不事边幅。人见其少时豪迈不羁，又尝泛滥于词章，出入二氏之学，骤闻是说，皆目以为立异好奇，漫不省究。不知先生居夷三载^④，处困养静，精一之功^⑤，固已超入圣域，粹然大中至正之归矣。

　　爱朝夕炙门下，但见先生之道，即之若易，而仰之愈高；见之若粗，而探之愈精；就之若近，而造之愈益无穷。十余年来，竟未能窥其藩篱。世之君子，或与先生仅交一面，或犹未闻其謦欬，或先怀忽易愤激之心，而遽欲于立谈之间，传闻之说，臆断悬度，如之何其可得也？从游之士，闻先生之教，往往得一而遗二，见其牝牡骊黄而弃其所谓千里者。故爱备录平日之所闻，私以示夫同志，相与考而正之，庶无负先生之教云。

　　门人徐爱书。

【注释】

①徐爱 (1487—1518)：字曰仁，号横山，浙江余姚人，是王阳明最得意的，也是第一位门生。据说还是王阳明的妹夫，有"王门颜回"之称，曾任工部郎中。下文的"爱"即徐爱的自称。

②先儒：指程颢、程颐和朱熹。

③"断断乎"句：意为等到百代以后圣人出世也不会有疑惑。语出《礼记·中庸》。

④居夷三载：正德元年 (1506)，王阳明因上疏抗辩，获罪下狱，后贬谪到贵州龙场 (今修文县) 前后三年。龙场当时尚未开化，所以称"夷"。

⑤精一之功：为精纯的功夫的意思。语出《尚书·大禹谟》："人心惟危，道心惟微。惟精惟一，允执厥中。"

【译文】

先生对于《大学》当中"格物"等观点，全以郑玄作注、孔颖达作疏的《礼记·大学》为准，即朱熹等大儒们认为是误本的那一版本。开始听说时我感到十分惊讶并且对先生的学说抱有怀疑。后来，我用尽心力，综合进行参照对比，再向先生本人请教。最后我才明白先生的学说像水之寒冷，又像火之热烈。正如《中庸》中所说的，后世出现的圣人也不会怀疑它的正确。先生的睿智与生俱来，并且他为人和蔼、坦荡、平易近人，不修边幅。人们只知道先生年轻时豪放不羁，曾经热衷于诗词文章的修习，受过佛、道两家学说的熏陶，乍一听到他的学说，都把它视为标新立异、荒诞不经的言论，不再深加探究。殊不知，先生在贬居贵州的三年当中，经历了艰难困苦的环境，修身静虑，精纯的功夫已经超凡入圣，进入了绝妙的境界，归入中正之旨。

我日夜在先生门下修习，聆听他的教诲，认为先生的学说刚接触时会感觉浅易，而越是深入研究越觉得十分高深；表面粗疏，但认真探究就越发感到精妙；接近时好像浅近，但深造时就觉得无穷无尽。修习十几年来，我自己觉得还没能窥探到它的边缘。当下的学者，有的与先生仅仅有过一面之缘，从没有听过先生的学说，一开始就先入为主地怀着轻视、偏激的心理，还没有仔细交谈便根据传闻草率地妄加揣度，做出了臆断。这样怎么可能真正理解先生的学说呢？跟随先生的学生们，听了先生的教诲，也是大都遗漏的多而学到的少。就好比相马的时候，仅仅看到了马的性别、颜色等表面情况，却漏掉了识别千里马的关键特征。因此，我把先生平日里的教诲尽悉记录了下来，给同学们传阅，然后共同考核订正，希望不辜负先生的谆谆教诲。

学生徐爱记。

2.

【原文】

爱问："'在亲民'，朱子谓当作'新民'，后章'作新民'之文，似亦有据。先生以为宜从旧本作'亲民'，亦有所据否？"

先生曰："'作新民'之'新'，是自新之民，与'在新民'之'新'不同，此岂足为据？'作'字却与'亲'字相对，然非'亲'字义。下面'治国平天下'处，皆于'新'字无发明。如云'君子贤其贤而亲其亲，小人乐其乐而利其利''如保赤子''民之所好好之，民之所恶恶之，此之谓民之父母'之类①，皆是'亲'字意。'亲民'犹《孟子》'亲亲仁民'②之谓，'亲之'即'仁之'也。'百姓不亲'，舜使契为司徒，'敬敷五教'，③所以亲之也。《尧典》'克明峻德'便是'明明德'④，'以亲九族'至'平章''协和'⑤便是'亲民'，便是'明明德于天下'。又如孔子言'修己以安百姓'⑥，'修己'便是'明明德'，'安百姓'便是'亲民'。说'亲民'便是兼教养意，说'新民'便觉偏了。"

【注释】

①"如云"之后所引之语皆出自《大学》。

②亲亲仁民：语出《孟子·尽心上》："亲亲而仁民，仁民而爱物。"

③"舜使契"二句：舜，传说中的五帝之一。契，商族的始祖，帝喾之子，曾助禹治水有功，被舜封为司徒，掌管教化之职。敷，布、施。五教，五种伦理道德，即父义、母慈、兄友、弟恭、子孝。

④"《尧典》"句：克明峻德，语出《尚书·尧典》："克明峻德，以亲九族。"明明德，语出《大学》，意为弘扬善良的德行。

⑤"以亲"句：语出《尚书·尧典》："克明峻德，以亲九族。九族既睦，平章百姓。百姓昭明，协和万邦。黎民于变时雍。"

⑥修己以安百姓：语出《论语·宪问》："修己以安百姓，尧舜其犹病诸！"

【译文】

徐爱问："《大学》中'在亲民'一词，朱熹认为应当写作'新民'，并且后面的文章有'作新民'的词句，可以作为他的凭证。先生却认为应当依照旧本作'亲民'，您这样认为也有什么依据吗？"

先生说："'作新民'的'新'，意思是自新之民，自我更新，与'在新民'中的'新'含义不尽相同，怎么能用这作为依据呢？'作'和'亲'相对应，但不是'亲'的意思。下面所讲的'治国''平天下'等地方，都没有对'新'字发表阐述。如'君子贤其贤而亲其亲，小人乐其乐而利其利''如保赤子''民之所好好之，民之所恶恶之，此之谓民之父母'等，这些都有'亲'的意思。'亲民'就像《孟子》中的'亲亲仁民'所说，'亲之'也就是'仁之'，对他们'亲'也就是对他们'仁'。百姓缺少亲情，舜命契担任司徒，'敬敷五教'，教化百姓父子有亲、君臣有义、夫妇有别、长幼有序、朋友有信，使他们相互亲近。《尧典》中说的'克明峻德'就是'明明德'，'以亲九族'到'平章''协和'就是'亲民'，就是'明明德于天下'。又比如孔子所说'修己以安百姓'一句，'修己'就是'明明德'，'安百姓'就是'亲民'。说'亲民'就兼有教化和养育两个意思，朱熹说成'新民'，意思就显得偏僻而狭隘了。"

3.

【原文】

爱问：“'知止而后有定'，朱子以为'事事物物皆有定理'①，似与先生之说相戾。"

先生曰："于事事物物上求至善，却是义外②也。至善是心之本体，只是'明明德'到'至精至一'处便是。然亦未尝离却事物。本注③所谓'尽夫天理之极，而无一毫人欲之私'者得之。"

【注释】

①知止而后有定，事事物物皆有定理："事事物物皆有定理"是朱熹对"知止而后有定"的解释。语出朱熹《大学·或问》："能知所止，则方寸之间，事事物物皆有定理矣。"

②义外：语出《孟子·告子上》："告子曰：'食、色，性也；仁，内也，非外也。义，外也，非内也。'"孟子反对告子义在心外的观点，认为仁和义都在人心之中。

③本注：即朱熹《大学章句》第一章注，"明明德、新民，皆当至于至善之地而不迁。盖必其有以尽夫天理之极，而无一毫人欲之私也"。

【译文】

徐爱问："《大学》中的'知止而后有定'，朱熹认为是说'事物都有特定的道理'，这好像和您的学说有抵触。"

先生说:"要在具体的万事万物上寻求至善,就是把'义'当作外在的东西。至善是心的本体,只须'明明德'达到了至精至一的程度,那便是至善了。显然这并没有脱离客观事物。那种像朱熹在《大学章句》中所说的穷尽天理,而心中没有丝毫私欲的人,就能够达到这种至善的境界。"

4.

【原文】

爱问:"至善只求诸心,恐于天下事理,有不能尽。"

先生曰:"心即理①也。天下又有心外之事,心外之理乎?"

爱曰:"如事父之孝,事君之忠,交友之信,治民之仁,其间有许多理在,恐亦不可不察。"

先生叹曰:"此说之蔽久矣,岂一语所能悟?今姑就所问者言之。且如事父,不成去父上求个孝的理;事君,不成去君上求个忠的理;交友、治民,不成去友上、民上求个信与仁的理。都只在此心。心即理也。此心无私欲之蔽,即是天理,不须外面添一分。以此纯乎天理之心,发之事父便是孝,发之事君便是忠,发之交友、治民便是信与仁。只在此心去人欲、存天理上用功便是。"

爱曰:"闻先生如此说,爱已觉有省悟处。但旧说缠于胸中,尚有未脱然者。如事父一事,其间温清定省②之类,有许多节目,不亦须讲求否?"

先生曰:"如何不讲求?只是有个头脑。只是就此心去人欲、存天理上讲求。就如讲求冬温，也只是要尽此心之孝，恐怕有一毫人欲间杂；讲求夏清，也只是要尽此心之孝，恐怕有一毫人欲间杂。只是讲求得此心。此心若无人欲，纯是天理，是个诚于孝亲的心，冬时自然思量父母的寒，便自要去求个温的道理；夏时自然思量父的热，便自要求去个清的道理，这都是那诚孝的心发出来的条件。却是须有这诚孝的心，然后有这条件发出来。譬之树木，这诚孝的心便是根，许多条件便是枝叶。须先有根，然后有枝叶。不是先寻了枝叶，然后去种根。《礼记》言：'孝子之有深爱者，必有和气；有和气者，必有愉色；有愉色者，必有婉容。'③须是有个深爱做根，便自然如此。"

【注释】

①心即理：王阳明学说的核心命题。

②温清定省：语出《礼记·曲礼上》："凡为人子之礼，冬温而夏清，昏定而晨省。"温，冬天让父母温暖；清（qìng），夏天让父母凉快；定，夜里让父母睡得安稳；省，早上向父母问安。

③"孝子"句：语出《礼记·祭义》。

【译文】

徐爱问："世上有万事万物的道理，而只在心里去追求至善的境界，恐怕难以去探究完吧？"

先生说："心就是理，难道天下有什么事物和道理是在人心之外的吗？"

徐爱说："比如侍奉父亲的孝道，辅佐君王的忠心，结交朋友的诚信，治理百姓的仁义，等等，这当中有很多的道理存在，恐怕也不能不去考察的。"

先生慨叹说："这不是一句话就能解释清楚的，因为此种说法蒙蔽人们很长时间了。姑且就你问的这些来说，侍奉父亲，不能从你父亲身上找个孝的理；辅助君王，不能从君主身上找个忠的理；结交朋友、治理百姓，也不能从朋友或者百姓的身上探寻到信和仁的道理。这些孝、忠、信、仁的道理都只存在于人的心中，所以说心就是理。当人心还没有被个人私欲所蒙蔽，就不需要从外面添加一丝一毫，人的内心就是天理。凭着这种合乎天理的心，用心侍奉父亲便是孝，用心辅佐君王便是忠，用心交友、治民便是信和仁。只需要用功去除心中的私欲、存养天理就行了。"

徐爱说："听了先生的教诲，我已经觉得有些明白了。但是以前的学说还在我的心里面，让我有纠结不清的地方。譬如说侍奉父母这件事，有让父母冬暖夏凉、白天请安、晚上请定等许多细节，这些不需要讲求吗？"

先生说："怎么不讲求呢？只是有个核心，就是先要摒除私欲，保存天理，然后在这上面去讲求。就比如讲求父母冬天暖和，不过是要尽一尽自己单纯的孝心，唯恐有点滴的私心杂念存在其中；讲求父母夏天凉快，也只是想尽尽孝心，唯恐有丝毫私欲夹杂其中。为的只是讲求这份心而已。自己的心如果没有任何私欲，纯属天理，是一颗虔诚孝敬的心，那自然会冬天记挂父母的寒冷，夏天记挂父母的暑热，也就自然会讲求'冬温''夏凊'的道理。这些具体的事情，都是人那颗虔诚孝敬的心发出来的。只有存在这颗虔诚孝顺的心，然后才有具体的事发生。以树木做比喻，虔诚孝顺的心是树根，具体的事情就是树的枝叶。绝对不是先找到枝叶，然后才去种树根，而必须是先有树根然后有枝叶。《礼记》有言：'深爱父母的孝子，对待双亲一定很和气；有和气的态度，定会有愉悦的气色；有了愉悦的气色，人就会有美好的表情了。'所以有一颗深爱的心做树根，就自然而然会有'冬温''夏凊'等一系列细节了。"

5.

【原文】

爱因未会先生"知行合一"之训，与宗贤①、惟贤②往复辩论，未能决。以问于先生。

先生曰："试举看。"

爱曰："如今人尽有知得父当孝、兄当弟者，却不能孝，却不能弟。便是知与行分明是两件。"

先生曰："此已被私欲隔断，不是知行的本体了。未有知而不行者，知而不行，只是未知。圣贤教人知行，正是要复那本体。不是着你只恁的便罢。故《大学》指个真知行与人看，说'如好好色，如恶恶臭'③。见好色属知，好好色属行。只见那好色时已自好了，不是见了后又立个心去好。闻恶臭属知，恶恶臭属行。只闻那恶臭时已自恶了，不是闻了后别立个心去恶。如鼻塞人虽见恶臭在前，鼻中不曾闻得，便亦不甚恶。亦只是不曾知臭。就如称某人知孝、某人知弟，必是其人已曾行孝行弟。方可称他知孝知弟。不成只是晓得说些孝弟的话，便可称为知孝弟。又如知痛，必已自痛了，方知痛；知寒，必已自寒了；知饥，必已自饥了。知行如何分得开？此便是知行的本体，不曾有私意隔断的。圣人教人，必要是如此，方可谓之知。不然，只是不曾知。此却是何等紧切着实的工夫。如今苦苦定要说知行做两个，是甚么意？某要说做一个，是甚么意？若不知立言宗旨，只管说一个两个，亦有甚用？"

爱曰："古人说知行做两个，亦是要人见个分晓。一行做知的功夫，一行做行的功夫，即功夫始有下落。"

先生曰："此却失了古人宗旨也。某尝说知是行的主意，行是知的功夫。知是行之始，行是知之成。若会得时，只说一个知，已自有行在；只说一个行，已自有知在。古人所以既说一个知，又说一个行者，只为世间有一种人，懵懵懂懂的任意去做，全不解思惟省察，也只是个冥行妄作，所以必说个知，方才行得是。又有一种人，茫茫荡荡悬空去思索，全不肯着实躬行，也只是个揣摸影响，所以必说一个行，方才知得真。此是古人不得已补偏救弊的说话。若见得这个意时，即一言而足。今人却就将知行分作两件去做，以为必先知了，然后能行。我如今且去讲习讨论做知的工夫，待知得真了，方去做行的工夫。故遂终身不行，亦遂终身不知。此不是小病痛，其来已非一日矣。某今说个知行合一，正是对病的药，又不是某凿空杜撰。知行本体原是如此。今若知得宗旨时，即说两个亦不妨，亦只是一个。若不会宗旨，便说一个，亦济得甚事？只是闲说话。"

【注释】

①宗贤：黄绾（1477—1551），字宗贤，号久庵，浙江黄岩人。官至礼部尚书，王阳明的学生。

②惟贤：顾应祥（1483—1565），字惟贤，号箬溪，浙江长兴人。官至刑部尚书，王阳明的学生。

③如好好色，如恶恶臭：语出《大学》："所谓诚其意者，毋自欺也。如恶恶臭，如好好色，此之谓自谦。"

【译文】

徐爱因为还没有领会先生"知行合一"的教导，和宗贤、惟贤反复争辩后，仍旧不能了然于胸，于是请教先生。

先生说："举个例子说说你的看法。"

徐爱说："现在孝顺父母、尊敬兄长的道理，人人都明白，但事实上没有办法完全做到，由此可见，知与行分明是两件事。"

先生说："这并不是知行的本来面目，因为私欲已经隔断了这种人的知行。没有知而不行的，知而不行是因为没有真知。圣贤们教育人们知行，并不是简单地教人们如何认识、如何实践，其目的是要恢复知行的本体。不是只教你随意地去应付。因此，《大学》举出了一个真正知行的例子，说'如好好色，如恶恶臭'，意即喜爱美色，厌恶腐臭。懂得美色是知，喜欢美色是行。人们在看见美色的时候就自然喜欢上了，并不是看见美色之后才立马生个心去喜欢；闻到腐臭是知，厌恶腐臭是行，人也是一闻到腐臭就自然厌恶了，并非闻到之后而又另生出个心去讨厌它。如果那个人鼻子不通，那就算是看到腐臭的东西摆在面前，他的鼻子闻不到，也不会太厌恶，因为根本没有认识到臭。再比如，我们说某人知道孝顺父母、尊敬兄长，一定是这个人已经做了一些孝顺、尊敬的行为，才可以说他知道孝顺、尊敬的道理。难不成，只因为他会说些孝顺、尊敬的话，我们就认为他孝顺、尊敬吗？再如，一个人知道痛，一定是自己已经经历了或者正在经历痛，才知道痛；知寒、知饥，一定是已经经历了寒冷和饥饿。由此可见，知行如何能够分得开？这些例子就是知与行的本体，还不曾被私欲隔开的。圣人一定是这样教育学生，才能算作知。不然就并非真知，可见这是多么紧要切实的功夫呀！现在硬要将知行分开算作两件事情，有什么意思呢？而我要把知行看作一个整体，又有什么意思呢？如果这番话的宗旨都不知道，只管在这里争论知与行是一件事还是两件事，又有什么用处呢？"

徐爱说："古人把知行分成两回事，也只是为了让人们能够有一个分别，好弄明白。一边对知下功夫，一边对实践下功夫，这样才能更好地落到实处。"

先生说："但是，这样说反而丢失了古人的本意。我曾经说过，知是行的宗旨，行是知的实践；知是行的开始，行是知的成果。如果领会了这一点，就应该明白，只说一个知，已经自然有行存在；只说一个行，知也自然存在了，知行一同存在。古人之所以将行与知分开，说一个知又说一个行，是因为社会上有一种人，他们完全不会认真思考观察，只是懵懵懂懂地随意做事情，一个劲儿胡行妄作，因此必须跟他讲'知'的道理，他才能够清醒地做事。还有一种人，不切实际，漫天空想，又完全不愿意有所行动，只是靠主观猜测、捕风捉影，因此必须教他'行'的道理，这样他才能正确地知。古人为了补偏救弊不得已才将知行分开说的，如果真正领会了其中的含义，只要一个知或行就够了。今人非要将知行分开，以为必须先认识才能实践。自己先去讨论如何做到知，等到真正知了才去做行的功夫，最后终生无法实践，也终生一无所知。这个问题由来已久，不再是一个小毛病。现在我提出知行合一，就是对症下药。而且这并非我凭空杜撰，知行的本体原本是这样的。如果我们把知行合一的宗旨掌握了，即使将知行分开说，两者仍然是一回事，是一个整体；如果没领会知行合一的宗旨，即便说二者是一回事，那又何济于事呢？不过是说些无用的话而已。"

6.

【原文】

爱问："昨闻先生'止至善'①之教，已觉功夫有用力处，但与朱子'格物'之训②，思之终不能合。"

先生曰："'格物'是'止至善'之功，既知'至善'，即知'格物'矣。"

爱曰："昨以先生之教，推之'格物'之说，似亦见得大略。但朱子之训，其于《书》之'精一'，《论语》之'博约'③，《孟子》之'尽心知性'，皆有所证据，以是未能释然。"

先生曰："子夏笃信圣人。曾子反求诸己。④笃信固亦是，然不如反求之切。今既不得于心，安可狃于旧闻，不求是当？就如朱子，亦尊信程子，至其不得于心处，亦何尝苟从？'精一''博约''尽心'，本自与吾说吻合，但未之思耳。朱子'格物'之训，未免牵合附会，非其本旨。'精'是'一'之功，'博'是'约'之功。曰仁既明知行合一之说，此可一言而喻。'尽心知性知天'，是'生知安行'事；'存心养性事天'，是'学知利行'事；'夭寿不贰，修身以俟'，是'困知勉行'事。⑤朱子错训'格物'。只为倒看了此意，以'尽心知性'为'格物知至'，要初学便去做'生知安行'事。如何做得？"

爱问："'尽心知性'何以为'生知安行'？"

先生曰："性是心之体，天是性之原，尽心即是尽性。'惟天下至诚为能尽其性，知天地之化育。⑥'存心者，心有未尽也。知天，如知州、知县之知，是自己分上事，已与天为一。'事天'，如子之事父、臣之事君，须是恭敬奉承，然后能无失，尚与天为二。此便是圣贤之别。

至于'夭寿不贰'其心，乃是教学者一心为善，不可以穷通夭寿之故，便把为善的心变动了，只去修身以俟命。见得穷通寿夭有个命在，我亦不必以此动心。'事天'虽与天为二，已自见得个天在面前；'俟命'便是未曾见面，在此等候相似。此便是初学立心之始，有个困勉的意在。今却倒做了，所以使学者无下手处。"

爱曰："昨闻先生之教。亦影影见得功夫须是如此。今闻此说，益无可疑。爱昨晓思，格物的'物'字，即是'事'字。皆从心上说。"

先生曰："然。身之主宰便是心。心之所发便是意。意之本体便是知。意之所在便是物。如意在于事亲，即事亲便是一物。意在于事君，即事君便是一物。意在于视、听、言、动，即视、听、言、动便是一物。所以某说无心外之理，无心外之物。《中庸》言'不诚无物'，《大学》'明明德'之功，只是个'诚意'。'诚意'之功，只是个'格物'。"

先生又曰："'格物'如孟子'大人格君心'⑦之'格'，是去其心之不正，以全其本体之正。但意念所在，即要去其不正以全其正，即无时无处不是'存天理'，即是'穷理'。'天理'即是明德。'穷理'即是'明明德'。"

又曰："知是心之本体，心自然会知。见父自然知孝，见兄自然知弟，见孺子⑧入井自然知恻隐。此便是良知，不假外求。若良知之发，更无私意障碍。即所谓'充其恻隐之心，而仁不可胜用矣'。然在常人不能无私意障碍，所以须用'致知''格物'之功，胜私复理。即心之良知更无障碍，得以充塞流行，便是致其知，知致则意诚。"

【注释】

①"止至善"句：达到最高的境界。语出《礼记·大学》。

②朱子"格物"之训：语出朱熹《大学章句》。

③博约：语出《论语·雍也》。

④子夏：姓卜，名商，孔子的学生。曾子：名参，字子舆，孔子的学生。

⑤"尽心知性知天""存心养性事天""夭寿不贰，修身以俟"：语出《孟子·尽心上》。

⑥"惟天下"句：语出《中庸》。

⑦大人格君心：语出《孟子·离娄上》："惟大人惟能格君心之非。"格，正、纠正。

⑧孺子：幼童。

【译文】

徐爱问："昨天听先生讲'止至善'，觉得有了用功的方向，但细想起来总觉得和朱熹'格物'的观点有不一样的地方。"

先生说："'格物'是为'止至善'下的功夫，既然明白了'至善'，也就明白了'格物'。"

徐爱说："昨天用先生的学说来推究朱熹的'格物'学说，大致上理解了。但是朱熹的观点有许多依据，例如《尚书》中的'精一'，《论语》中的'博约'，《孟子》中的'尽心知性'，因而对您的学说我才不能坦然接受。"

先生说："子夏十分相信圣人的言论，相反曾子则选择相信自己。相信圣人固然不错，但远不如自己反省探求来得深入。在心里还没有弄清楚的时候，你怎么可以选择因循守旧，而不自己想办法去探究正确的答案呢？朱熹同样尊崇和相信程颢，但是当他心里不明白的时候，又何曾盲目信从？'精一''博约''尽心'，这些与我的学说本来是相互吻合的，只是你还没有想明白罢了。至于朱熹'格物'的观点，未免有些牵强附会，并不是真正'格物'的宗旨。求精是达到根本的功夫，博览多学是达到简洁的功夫。既然你已经明白了知行合一的道理，一句话就可以把它说清楚了。'尽心知性知天'是'生知安行'的人能够做的事；'存心养性事天'是'学知利行'的人能够做的事；'夭寿不贰，修身以俟'是'困知勉行'的人能够做的事。朱熹会错误地解释'格物'，是因为他颠倒了前后的因果关系，认为'尽心知性'就是'格物知至'，要求初学者去做'生知安行'的事，怎么可能做得来呢？"

徐爱问："'尽心知性'怎么会是'生知安行'者才能够做的事呢？"

先生说："心的本体是人的本性，天理是人性的本源，因而把人的本心尽力发扬就是把人性彻底地发挥出来。（《中庸》说过：）'只有天下最真诚的人才能把人性发挥彻底，领悟到天地万物的变化发展'。所谓'存心'，反过来是说还没有做到'尽心'。'知天'中的'知'就像知州、知府中的'知'，意即治理州、县是他们分内的事，两者合二为一体。所以'知天'也就是说人知晓天理，与天合为一体。'事天'，就好像儿子对待父亲、大臣侍奉君王，需要毕恭毕敬地小心奉承，不要有所闪失，'事天'也就是还没有与天合二为一。圣人区别于贤人就在这里。至于'夭寿不贰'其心，是指教育学生一心向善，不管处境好坏、寿命长短，绝不动摇行善的心，而只去修养身体，听天由命。当看到穷困通达、寿命长短都是由上天注定的，自己也就不必因此而动摇行善的心。'事天'，虽然心与天没有合二为一，是两回事，但是自己已经看清楚天命就在面前了；'俟命'就是还不曾与天命相近，只在此等候它的到来。这就是初学者开始确立志向的时候，有困而知之，努力自勉的意思。而今朱熹却把这样一个循序渐进的过程颠倒了，让初学的人感到无从下手。"

徐爱说："昨天听先生的教诲，也隐隐约约觉得应该这样下功夫。今天又听了您的解释，更加没有什么怀疑了。我昨天早上想，'格物'的'物'字，就是'事'字的意思，都是从心上来讲的。"

先生说："对了。身体的主宰就是心，心发出来的就是意念，意念的本源就是感知，意念存在于事物之上。比如意念在侍奉双亲之上，那么侍奉双亲就是一件事物；意念在辅佐君王上，那么辅佐君王就是一件事；意念在仁爱百姓、爱护万物上，那么关心百姓、爱护万物就是一件事；意念在看、听、说、动上，那么看、听、说、动就是一件事。所以我说：'没有天理存在于心外，也没有事物存在于心外。'《中庸》中说'心不诚就没有万事万物'、《大学》中说'弘扬崇高德行'的功夫就是要心诚，而心诚的功夫就是'格物'，探究事物的原理。"

先生又说："'格物'的'格'就像孟子所说'大人格君心'中的'格'，指去掉内心的邪念，从而使全体的纯正得以保持。一旦有意念萌生，就要去掉其中的邪念，时时处处都存养天理，就是穷尽天理。'天理'就是'明德'，崇高德行。'穷尽天理'就是'明明德'，弘扬崇高德行。"

先生又说："心自然会感知，因为知是心的本体。见到父亲自然而然会有孝敬之心，见到兄长也自然知道尊敬，见到小孩落井恻隐之心会自然产生。这就是良知，全凭本心，不需要从心外的东西求得。如果良知出现，也没有私心杂念阻碍，就会像孟子所说的'充分发挥恻隐之心，那么仁爱的感情就会取之不尽用之不竭'。但是一般人都会有私心阻碍，所以就需要用'致知''格物'的功夫，克服私心、恢复天理。心体的良知再没有什么障碍，充满心田，就会自如地发挥，充分地发扬流传，这就是'致知'。良知得到了，思想也就能够真诚专一。"

7.

【原文】

爱问："先生以'博文'为'约礼'功夫^①，深思之未能得，略请开示。"

先生曰："'礼'字即是'理'字。'理'之发见可见者谓之'文'，'文'之隐微不可见者谓之'理'，只是一物。'约礼'只是要此心纯是一个天理。要此心纯是天理，须就'理'之发见处用功。如发见于事亲时，就在事亲上学存此天理；发见于事君时，就在事君上学存此天理；发见于处富贵、贫贱时，就在处富贵、贫贱上学存此天理；发见于处患难、夷狄时，就在处患难、夷狄上学存此天理。至于作止、语默，无处不然，随他发见处，即就那上面学个存天理。这便是'博学之于文'，便是'约礼'的功夫。'博文'即是'惟精'，'约礼'即是'惟一'。"

【注释】

①博文、约礼：语出《论语·雍也》："君子博学于文，约之以礼，亦可以弗畔矣夫！"畔，通"叛"。

【译文】

徐爱问："先生将'博文'当作'约礼'的功夫，对此我加以深思但还不是很明白，因此向先生请教，请您帮我讲一讲。"

先生说："'礼'即是'理'，'理'表现出来就是'文'，'文'中隐藏看不见的就是'理'，'礼'和'理'其实是一回事。所谓'约礼'便是让心精纯地符合天理。而要做到让心纯然符合天理，就需要把功夫下在'理'表现出来的地方。比如表现在侍奉双亲上，就要在侍奉双亲上学着存养天理；表现在侍奉君王上，就要在侍奉君王上学着存养天理；表现在身处富贵或贫贱上时，就在富贵或贫贱上学着存养天理；表现在身陷患难或身处夷狄时，就在患难夷狄的处境中学习存养天理。至于是行动还是静止、说话还是沉默，随时随地都不能忘了存养天理，无不如此。这就是'博学之于文'，在'文'中求'博'，也就是'约礼'的功夫。'博文'就是唯精，就是要在万事万物上广泛地学习存养天理，而目的就是求得至精至纯。'约礼'就是唯一，就是用礼来约束人与天理的统一，而天理只有一个。"

8.

【原文】

爱问文中子、韩退之①。

先生曰："退之，文人之雄耳。文中子，贤儒也。后人徒以文词之故，推尊退之，其实退之去文中子远甚。"

爱问："何以有拟经之失？"

先生曰："拟经恐未可尽非。且说后世儒者著述之意，与拟经如何？"

爱曰："世儒著述，近名之意不无，然期以明道；拟经纯若为名。"

先生曰："著述以明道，亦何所效法？"

爱曰："孔子删述《六经》②，以明道也。"

先生曰："然则拟经独非效法孔子乎？"

爱曰："著述即于道有所发明，拟经似徒拟其迹，恐于道无补。"

先生曰："子以明道者，使其反朴还淳而见诸行事之实乎，抑将美其言辞而徒以诳诳于世也？天下之大乱，由虚文胜而实行衰也。使道明于天下则《六经》不必述，删述《六经》，孔子不得已也。自伏羲画卦至于文王、周公，其间言《易》如《连山》《归藏》③之属，纷纷籍籍，不知其几，《易》道大乱。孔子以天下好文之风日盛，知其说之将无纪极，于是取文王、周公之说而赞之，以为惟此为得其宗。于是纷纷之说尽废，而天下之言《易》者始一。《书》《诗》《礼》《乐》《春秋》皆然。《书》自《典》《谟》④以后，《诗》自《二南》⑤以降，如《九丘》《八索》⑥，一切淫哇逸荡之词，盖不知其几千百篇。《礼》《乐》之名物度数，至是亦不可胜穷，孔子皆删削而述正之，然后其说始废。如《书》《诗》《礼》《乐》中，孔子何尝加一语？今之《礼记》诸说，皆后儒附会而成，已非孔子之旧。至于《春秋》，虽称孔子作之，其实皆鲁史旧文；所谓'笔'者，笔其旧，所谓'削'者，削其繁，是有减无增。孔子述《六经》，惧繁文之乱天下，惟简之而不得，使天下务去其文以求其实，非以文教之也。

《春秋》以后繁文益盛，天下益乱。始皇焚书得罪，是出于私意，又不合焚《六经》，若当时志在明道，其诸反经叛理之说悉取而焚之，亦正暗合删述之意。自秦汉以降，文又日盛，若欲尽去之，断不能去，只宜取法孔子，录其近是者而表章之，则其诸怪悖之说亦宜渐渐自废。不知文中子当时拟经之意如何，某切深有取于其事，以为圣人复起不能易也。天下所以不治，只因文盛实衰，人出己见，新奇相高，以眩俗取誉，徒以乱天下之聪明，涂天下之耳目，使天下靡然，争务修饰文词以求知于世，而不复知有敦本尚实、反朴还淳之行。是皆著述者有以启之。"

【注释】

①文中子：王通（584—617），字仲淹，隋朝河东郡龙门县通化镇（今山西省万荣，一说山西河津）人。其去世后，其弟子曾仿《春秋》《论语》编著《中说》等，其主张儒、佛、道三教合一，以儒为主。韩退之：韩愈（768—824），字退之，河南河阳（今河南孟州市）人，倡导儒学，排斥佛、道。著有《韩昌黎集》。

②孔子删述《六经》：孔子晚年编修删改《诗经》《尚书》《礼记》《乐经》《易经》《春秋》六种经典，即后世所谓《六经》。

③《连山》《归藏》：《连山》相传为夏朝的《易》，《归藏》相传为商朝的《易》，后都失传。

④《典》《谟》：指《尚书》中的《尧典》《舜典》和《大禹谟》《皋陶谟》《益稷谟》，共称为"二典三谟"。谟，计谋、谋略。

⑤《二南》：《诗经》中的《周南》《召南》两篇。

⑥《九丘》《八索》：远古时代的书名。孔安国《古文尚书序》："八卦之说，谓之《八索》。""九州之志，谓之《九丘》。"

【译文】

徐爱问先生对王通和韩愈两个人的看法。

先生说："韩愈是文人学士中出类拔萃的人，王通则是贤明鸿儒。因为文章诗词，后人相对更加推崇韩愈，但实际上韩愈比王通差很远。"

徐爱问："那么如何解释王通仿作经书这种过失呢？"

先生说："也不能够全盘否定仿作经书的事。后世儒生们著书立说、阐经述曲的用意和仿作经书有什么不同呢？"

徐爱说："后世儒生们著书讲经虽不无邀名之嫌，有追求名声的私心，但其主要目的还是在于阐明圣道，仿作经书纯粹是为了个人的名利。"

先生说："为了阐明圣道而著书讲经，效仿的是谁呢？"

徐爱说："孔子删改过《六经》以阐明圣道，效仿的是他。"

先生说："那么仿作经书不也是效法孔子吗？"

徐爱说："著书论经会使圣经有所发挥，并让之通晓，但仿作经书似乎只是模仿圣人的学说，对圣道恐怕并没有什么好处。"

先生说："那你认为阐明圣道，是使天理返璞归真使之付诸实事呢，还是利用华美的言辞招摇过市呢？之所以会天下大乱，就是因为虚文兴盛而缺少实践。假如圣道大白于天下，那么《六经》也不必删改了。孔子也是不得已而删改《六经》。从伏羲画八卦到周文王、周公，期间解释过《易经》的有《连山》《归藏》等，林林总总，数不胜数。使得《易经》的圣道弄得极其混乱。孔子觉得天下喜好文藻的风气与日俱增，知道《易经》将会被歪曲，于是倡导文王、周公的学说，把他们的学说视为《易经》的正宗。从此其他的学说都被废止，天下对于《易经》的阐述得以统一。《尚书》《诗经》《礼记》《乐经》《春秋》也都是这样统一的。《尚书》自《典》《谟》以后，《诗经》自《周南》《召南》以后，像《九丘》《八索》等，所有淫邪妖冶的词句共有成百上千篇。《礼记》《乐经》中的名物制度也是数不胜数。孔子做出了正确的阐释，把之前一一删除，废止了其他乱七八糟的学说。《尚书》《诗经》《礼记》《乐经》等书中，孔子删除时并没有增加过自己的言论。如今《礼记》中的众多阐述，并非孔子删改的原本，大都是后世儒生的附会。至于《春秋》，虽然后人认为作者是孔子，但实际上是鲁国旧史书中的文字，只是经过孔子的整理削述。所谓'笔'，摘录原文、去掉繁杂，只有减少而无增加。孔子把《六经》删减到不能再减了，以免纷华浮逸的文辞扰乱天下人心，而使天下人从此抛弃华丽的文饰注重文章的实质，而不是用文辞来教化天下。《春秋》以后，各种华而不实的文辞日益兴盛，天下大乱。秦始皇焚书留下千古罪名，是因为他这样做是出于控制天下的私心，把《六经》也焚毁了。如果当时他旨在阐明圣道，将那些离经叛道的学说悉数焚毁，就会暗合孔子删改《六经》的本意。自秦汉之后，繁文又一天天兴盛起来，如果想要除尽此风是不可能的，因此只能效法孔子，摘录那些接近真理的阐释加以宣传表彰，那些怪理悖论也就会慢慢地自行消亡了。虽然我不知道王通当初仿作经书的本意何在，但我深切地体会到，他的做法是有可取之处的。我想即使圣人复活，也是不会阻止他的。天下纷乱的原因，正在于盛行浮华的文风，求实之风却日渐衰败。人们标新立异，各出己见，为了取得功名不惜哗众取宠，扰乱天下人的思绪，混淆大家的视听。天下人争着崇尚虚文浮词，在社会上争名夺利，忘记敦厚实在、返璞归真的品性，这些都是那些阐述经典的人所导致的。"

陆澄录

1.

【原文】

陆澄①问："主一之功，如读书，则一心在读书上；接客，则一心在接客上，可以为主一乎？"

先生曰："好色，则一心在好色上；好货，则一心在好货上，可以为主一乎？是所谓逐物，非主一也。主一是专主一个天理。"

【注释】

①陆澄：字原静，又字清伯，浙江吴兴人。官至刑部主事，王阳明的学生。

【译文】

陆澄问："关于专一的功夫，比方读书，便一心一意地读书；接待客人，便专心地接待客人，这样可以叫作'主一'吗？"

先生说："好色就一心全在好色上，喜欢财物就一味去追求财物，难道这也可以算作专一吗？这只是追逐物欲，而并非专一。'主一'就是一心只在天理上。"

2.

【原文】

"日间工夫，觉纷扰，则静坐；觉懒看书，则且看书。是亦因病而药。"

【译文】

"在白天学习，觉得被外界纷乱打扰，就学习静坐；觉得懒于看书，就去看书。这也是对症下药。"

3.

【原文】

"处朋友，务相下则得益，相上则损。"

【译文】

"同朋友相交，一心相互谦让，就会获得好处，而相互攀比、互争高低，则只会受损。"

4.

【原文】

孟源①有自是好名之病，先生屡责之。一日，警责方已，一友自陈日来工夫请正。源从傍曰："此方是寻着源旧时家当。"

先生曰："尔病又发。"源色变，议拟欲有所辨。

先生曰："尔病又发！"因喻之曰："此是汝一生大病根。譬如方丈地内种此一大树，雨露之滋，土脉之力，只滋养得这个大根，四傍纵要种些嘉谷，上面被此树叶遮覆，下面被此树根盘结，如何生长得成？须用伐去此树，纤根勿留，方可种植嘉种，不然任汝耕耘培壅，只是滋养得此根。"

【注释】

①孟源：字伯生，滁州（今安徽滁县）人，王阳明的学生。

【译文】

自以为是、喜好虚名是孟源一直以来的缺点，为此先生曾多次批评他。一天，先生刚刚批评了他，一个朋友来向先生陈述自己近日来所学，并请求先生加以指正。孟源在旁边说："你的这些所学只是找着了我以前的那些老家当。"

先生说："你又犯毛病了！"孟源顿时脸色一变，想要为自己辩解。

先生说："你又犯毛病了！这是你一生的大病根。就好比一丈方圆的地里种着一棵大树，滋润的雨露，肥力的土壤，只能养着这棵树根。若在四周种上些优良的种子，大树的树叶会把其遮挡住，下面还会被树根盘结，它们怎么能够长活呢？所以必须将这棵树连根拔起，这个地方才能够再种植优良的种子。否则，任凭你再怎么努力耕耘和栽培，也只能仅仅滋养了那个树根。"

5.

【原文】

问："静时亦觉意思好，才遇事便不同，如何？"

先生曰："是徒知静养，而不用克己工夫也。如此，临事便要倾倒。人须在事上磨，方立得住，方能'静亦定，动亦定'①。"

【注释】

①静亦定，动亦定：语出《河南程氏文集》。

【译文】

陆澄问："静来无事的时候也感觉自己的想法很清晰，可是遇到具体的事情就不能再依据自己的思路去做，为什么？"

先生说："这是你只懂得静心修养，却不下功夫来克制自己的原因。这样的话，遇到具体的事情就会觉得思路不稳。人必须在遇到事情的时候磨砺自己，才能稳，才能'静亦定，动亦定'。"

6.

【原文】

问上达①工夫。

先生曰："后儒教人，才涉精微，便谓'上达'未当学，且说'下学'②，是分'下学''上达'为二也。夫目可得见、耳可得闻、口可得言、心可得思者，皆'下学'也。目不可得见、耳不可得闻、口不可得言、心不可得思者，'上达'也。如木之栽培灌溉，是'下学'也，至于日夜之所息^③，条达畅茂，乃是'上达'，人安能预其力哉？故凡可用功、可告语者皆'下学'，'上达'只在'下学'里。凡圣人所说，虽极精微，俱是'下学'。学者只从'下学'里用功，自然'上达'去，不必别寻个'上达'的工夫。"

【注释】

①上达：意为参悟天理。语出《论语·宪问》："君子上达，小人下达。"

②下学：意为关于事物的基本知识和思想方法。语出《论语·宪问》："不怨天，不尤人。下学而上达。知我者，其天乎？"

③日夜之所息：语出《孟子·告子上》。

【译文】

陆澄求教参悟天理的功夫。

先生说："后世儒生教人，才涉及精微之处，便说不应当学参悟天理的功夫，只学一些简单的基础知识和思想方法，于是将'上达'和'下学'分开了。那眼睛看得见、耳朵听得到、嘴巴说得出、心里想得到的，都是'下学'；而那些用眼睛看不到、耳朵听不到、嘴巴说不出、心里想不到的，就是'上达'。比如说树木的栽种灌溉，都是属于'下学'，至于树木的生长休息、树枝繁茂，就是'上达'，不会被人力干预。所以凡是那些能够用功学到、用言语告知的，都只是'下学'，'上达'只存在于'下学'当中。凡是圣人谈到的虽然极其精微，但也只是'下学'而已。学者只需在'下学'的功夫里用功，自然而然就能到达到'上达'的功夫，而不必要在别的地方去寻'上达'的功夫。"

7.

【原文】

问："'惟精''惟一'是如何用功？"

先生曰："'惟一'是'惟精'主意，'惟精'是'惟一'功夫，非'惟精'之外复有'惟一'也。'精'字从'米'，姑以米譬之。要得此米纯然洁白，便是'惟一'意，然非加春簸筛拣'惟精'之工，则不能纯然洁白也。春簸筛拣是'惟精'之功，然亦不过要此米到纯然洁白而已。博学、审问、慎思、明辨、笃行者，皆所以为'惟精'而求'惟一'也。他如'博文'者即'约礼'之功，'格物致知'者即'诚意'之功，'道问学'即'尊德性'之功，'明善'即'诚身'之功，无二说也。"

"知者行之始，行者知之成。圣学只一个功夫，知行不可分作两事。"

【译文】

陆澄问："如何在唯精、唯一上下功夫？"

先生说:"唯一是唯精的目的,唯精是唯一的功夫,唯一并不是在唯精之外的。'精'是'米'字旁,就用米来比喻。唯一是要让大米纯然洁白,但是如果稻谷不经过舂簸筛拣等,大米就不可能纯然洁白。舂簸筛拣好比是唯精的功夫,其目的是让大米洁白。博学、审问、慎思、明辨、笃行等,也皆是唯精而求得唯一罢了。另外,'博文'是'约礼'的功夫,'格物致知'是'诚意'的功夫,'道问学'是'尊德性'的功夫,'明善'是'诚身'的功夫,也都是这个意思。"

"知为行的开始,行为知的结果。圣学只有一个功夫,知行不能分开当作两码事。"

8.

【原文】

问:"知识不长进,如何?"

先生曰:"为学须有本原,须从本原用力,渐渐'盈科而进'①。仙家说婴儿,亦善譬。婴儿在母腹时只是纯气,有何知识?出胎后,方始能啼,既而后能笑,又既后能识认其父母兄弟,又既而后能立、能行、能持、能负,卒乃天下事无不可能。皆是精气日足,则筋力日强,聪明日开。不是出胎日便讲求推寻得来,故须有个本原。圣人到'位天地育万物',也只从'喜怒哀乐未发之中'上养来。后儒不明格物之说,见圣人无不知,无不能,便欲于初下手时讲求得尽,岂有此理!"

又曰:"立志用功,如种树然。方其根芽,犹未有干;

及其有干，尚未有枝；枝而后叶，叶而后花、实。初种根时，只管栽培灌溉，勿作枝想，勿作叶想，勿作花想，勿作实想。悬想何益？但不忘栽培之功，怕没有枝叶花实！"

【注释】

①盈科而进：比喻循序渐进。

【译文】

陆澄问："知识没有长进，该怎么办？"

先生说："做学问首先须有一个根基，然后从根基上面下功夫，慢慢地循序渐进。道家学说用婴儿作比，说得很精辟。婴儿在母亲的肚子里还未成形时只是一团气，完全什么都没有。待他出生后，方才能够啼哭，之后能够笑，然后认识父母兄弟，既而可以站立、行走、背、拿，最后世上的事情已经无所不能。因为婴儿的精气日益充足，筋骨也越来越有力气，头脑则越来越聪明。婴儿并非出生便具备了各种能力，所以需要有个根基。圣人也是从喜怒哀乐各种情绪没有表现出来的时候慢慢培养起来，才能够立足于天地之间让万物随其本性生长。后代的儒生们不懂得格物的学说，却觉得圣人看起来无所不知、无所不能，于是妄想一开始就把学问讲求完，真是岂有此理！"

先生又说："立下志向用功做学问，就好比种树。开始发芽时没有树干，长出树干时没有树枝，长了树枝后才长叶子，叶子长好后才开花，最后结果。种上树根的时候，不要事先想着生枝、长叶、开花、结果，只管培土灌溉。因为空想也是无益。只要不忘尽心培土灌溉，怎怕没有枝、叶、花、果？"

9.

【原文】

问："看书不能明，如何？"

先生曰："此只是在文义上穿求，故不明。如此，又不如为旧时学问。他到看得多，解得去，只是他为学虽极解得明晓，亦终身无得。须于心体上用功，凡明不得，行不去，须反在自心上体当，即可通。盖四书①五经，不过说这心体，这心体即所谓道，心体明即是道明，更无二。此是为学头脑处。"

【注释】

①四书：宋代理学家朱熹把《大学》《中庸》《论语》《孟子》合起来，编为四书，作为儒学的基本经典。

【译文】

陆澄问："读书时看不懂含义，怎么办呢？"

先生说："读不懂主要是因为你只求明白字面上的含义，钻牛角尖。这样的话，倒不如专门去做程朱的学问。他们做学问极其清楚明白，看得多，而且解得通。但也只是终生没有收获。做学问必须在自己的心上苦下功夫，凡是看不明白、想不通的，回到自己的内心仔细体会，这样就能明白了。四书五经所阐述的不过是个心体，这个心体就是所谓的'天理'，心体明白就是天道明白，再没有别的。这才是读书做学问的关键。"

10.

【原文】

"'虚灵不昧，众理具而万事出。'①心外无理，心外无事。"

或问："晦庵先生曰，'人之所以为学者，心与理而已。'此语如何？"

曰："心即性，性即理，下一'与'字，恐未免为二，此在学者善观之。"

或曰："人皆有是心，心即理，何以有为善，有为不善？"

先生曰："恶人之心，失其本体。"

【注释】

①"虚灵"两句：语出朱熹《大学·章句》。

【译文】

"'让心空灵明澈而不愚昧，就会具备各种道理，万事万物也从这里显现。'在人心之外再无天理，也无事物。"

有人问："朱熹先生说过：'人做学问的原因，在于心与理而已。'这句话说得对吗？"

先生说："心就是性，性就是理，'心'和'理'之间掺入一个'与'字，恐怕会将'心''理'分开。这就要求学者善于观察和体会。"

有人说："人人都同样有心，而心就是天理，那为什么有的人善良，而有的却不善良呢？"

先生说："恶人的心早已经丧失了它的本体。"

11.

【原文】

澄尝问象山①在人情事变上做功夫之说。

先生曰："除了人情事变则无事矣。喜怒哀乐非人情乎？自视听言动，以至富贵贫贱、患难死生，皆事变也。事变亦只在人情里，其要只在'致中和'②，'致中和'只在'谨独'③。"

【注释】

①象山：陆九渊（1139—1193），字子静，自号存斋，江西抚州人。曾讲学于象山，学者称象山先生。

②中和：中，天下的根本。和，天下的大道。

③谨独：即慎独，意为一个人独处时也要严格要求自己，言行思想要符合道德规范。

【译文】

关于陆九渊在人情事变上下功夫的学说，陆澄曾向先生请教。

先生说："除了人情事变，世界上也再没有别的事了。喜怒哀乐不是人情吗？从看、听、说、做再到富贵、贫贱、患难、死生，都是'事变'。而事变都只在人情里体现，它的关键是要做到'中正平和'，而'中正平和'的关键就在于'慎独'。"

12.

【原文】

一日，论为学工夫。

先生曰："教人为学，不可执一偏。初学时心猿意马，拴缚不定，其所思虑，多是人欲一边，故且教之静坐息思虑。久之，俟其心意稍定，只悬空静守，如槁木死灰①亦无用，须教他省察克治。省察克治之功，则无时而可间，如去盗贼，须有个扫除廓清之意。无事时，将好色、好货、好名等私欲逐一追究搜寻出来，定要拔去病根，永不复起，方始为快。常如猫之捕鼠，一眼看着，一耳听着，才有一念萌动，即与克去，斩钉截铁，不可姑容，与他方便，不可窝藏，不可放他出路，方是真实用功，方能扫除廓清。到得无私可克，自有端拱时在。虽曰'何思何虑'，非初学时事。初学必须思省察克治，即是思诚，只思一个天理。到得天理纯全，便是'何思何虑'矣。"

【注释】

①槁木死灰：语出《庄子·齐物论》："形固可使如槁木，而心固可使如死灰乎？"

【译文】

有一天，大家讨论做学问的功夫。

先生说："教人如何做学问，绝不能偏执一种方法。初学者心猿意马，精力不能集中心中考虑的多是个人私欲而不能够集中精力，因此，姑且可以教他学习静坐，安定思绪，平息心中私欲。久而久之，当他的心思渐渐安定，如果还一味让他像槁木死灰一般悬空静坐，也没有什么作用。在这个时刻就需教他反省体察克制私欲。这种功夫是不能间断的，就像铲除盗贼，要有彻底清除的决心。没有事的时候，一定要把好色、贪财、慕名等私欲逐一搜出来，然后将其连根拔起，使它永不复发，才觉痛快。平时则要像猫捉老鼠，一边用眼睛看着，一边用耳朵听着，有丝毫的私心杂念萌动的时候，就要立马斩钉截铁地克服，绝不能姑息纵容，让它有放松的机会，不能包藏它，更不能让它有生路，如此才能尽扫心中的私欲，这才是真功夫。到了心中再无私欲需要克除，就可以轻轻松松地做端坐拱手状。虽然也是什么都不想，却不是初学者能做到。初学时必须专注思考省察克治，也就是思考如何使意念专诚，只思考一个天理。到了天理纯正圆满的境界，就真正'何思何虑'了。"

13.

【原文】

澄问："有人夜怕鬼者，奈何？"

先生曰："只是平时不能'集义'①而必有所谦，故怕。若素行合于神明，何怕之有？"

子莘②曰："正直之鬼不须怕，恐邪鬼不管人善恶，故未免怕。"

先生曰："岂有邪鬼能迷正人乎！只此一怕即是心邪。故有迷之者，非鬼迷也，心自迷耳。如人好色即是色鬼迷，好货即是货鬼迷，怒所不当怒是怒鬼迷，惧所不当惧是惧鬼迷也。"

"定者，心之本体，天理也。动静，所遇之时也。"

澄问《学》《庸》同异。

先生曰："子思括《大学》一书之义，为《中庸》首章。"

【注释】

①集义：意思是经常积累善心。语出《孟子·公孙丑上》。

②子莘：马明衡，字子莘，福建莆田人。官至御史，王阳明最早的福建弟子。

【译文】

陆澄问："夜里怕鬼的人该怎么办？"

先生说："因为平日里不积累善心，心中有愧，因此才会怕鬼。如果平时的行为合乎神明，有什么害怕的呢？"

子莘说："不须怕正直的鬼，只是邪恶的鬼会无视善恶，而伤害人，所以未免有些害怕。"

先生说："难道有邪鬼能够迷惑正直人的吗？有怕的心理，就是此人心术不正的表现。是人的心把自己迷惑了，而并非鬼迷惑了人。就像人好色，便是被色鬼迷惑；贪财，就是被贪财鬼迷惑；不应当发怒的地方发怒了，就是被怒鬼迷惑；害怕不该怕的，就是被怕鬼迷惑。"

"定，恒定平静，是心的本体，也就是天理。动和静的变化，是天理在不同环境下的具体表现。"

陆澄向先生请教《大学》《中庸》两本书的异同。

先生说："子思总结了《大学》一书的宗旨，并以此写了《中庸》的第一章。"

14.

【原文】

澄在鸿胪寺仓居①，忽家信至，言儿病危，澄心甚忧闷，不能堪。

先生曰："此时正宜用功，若此时放过，闲时讲学何用？人正要在此等时磨练。父之爱子，自是至情，然天理亦自有个中和处，过即是私意。人于此处多认做天理当忧，则一向忧苦，不知已是'有所忧患不得其正'②。大抵七情所感，多只是过，少不及者。才过，便非心之本体，必须调停适中始得。就如父母之表，人子岂不欲一哭便死，方快于心？然却曰'毁不灭性'③，非圣人强制之也，天理本体自有分限，不可过也。人但要识得心体，自然增减分毫不得。"

"不可谓'未发之中'常人俱有。盖'体用一源'④，有是体即有是用，有'未发之中'即有'发而皆中节之和'。今人未能'有发而皆中节之和'，须知是他'未发之中'亦未能全得。"

【注释】

①鸿胪寺：掌管赞导相礼的衙门。王阳明于正德九年（1514）升任南京鸿胪寺卿，许多弟子随他前往。仓居：在衙舍居住。

②有所忧患不得其正：语出《大学》。

③毁不灭性：意思是孝子哀伤不能伤害性命。语出《孝经·丧亲》。

④体用一源：语出《伊川易传·序》："至微者，理也；至著者，象也。体用一源，显微无间。"意为体与用同出于一个源头即易，它们虽然有或者显著或者微妙的差异，却是紧密结合、不可分割的。

【译文】

陆澄在南京鸿胪寺的衙门里居住的时候，突然接到儿子病危的家信，顿感忧虑，无法忍受。

先生说："这是修身养性的好时机，如果此时不用功，平日里无事时讲求学问有什么用呢？这时候的人就应该磨炼自己。父亲关爱儿子，是符合天理的最深切的情感，但是天理也要有中正的度，超过这个限度就成了私欲。大多数人在这时依照天理应当心有忧伤，于是一味悲伤痛苦，而不知自己已是'有所忧患不得其正'。一般来讲，七情六欲一旦出现，大多有点过分，很少有不足的。然而只要过分，便不再是心的本体，所以一定要调节，直至适中才可。比如父母去世，作为人子，哪有不想一下子哭死以化解心中的悲痛的？然而圣人说过：'毁不灭性。'这并非圣人要强行规定，而是因为天理本身便有限度，凡事不能过分。人只要真正认识了心体，自然不会增减分毫。"

先生说："不能说一般人都能保持'情感没有表达出来时中正的态度'。因为'本体和运用是同一个源'，它们虽然有显著或者微妙的差异，却是紧密结合，不可分割的。有这样的体才会有这样的用。有'情感未发时的中正'，就会有'情感发出来符合中正的平和'。如今人们应该知道是因为他'情感未发时的中正状态'还没能完全得到，才没能做到'情感发出来符合中正的平和'。"

15.

【原文】

（惟乾）[1]问："孟子言'执中无权犹执一'[2]。"

先生曰："中只是天理，只是易，随时变易，如何执得？须是因时制宜，难预先定一个规矩在。如后世儒者，要将道理一一说得无罅漏，立定个格式，此正是执一。"

【注释】

①惟乾：冀元亨（1482—1521），字惟乾，武陵（今湖南常德）人，王阳明的弟子。

②执中无权犹执一：意为坚持中庸虽然正确，但如果不知因时制宜，加以权变，那就是偏执。语出《孟子·尽心上》。执中，即坚持中庸之道。无权，不知道灵活权变。执一，固执而不灵活。

【译文】

惟乾向先生请教孟子所说"执中无权犹执一"一句的含义。

先生说："中庸就是天理，就是易。随着时间而发生变化，怎么能'执'而不变呢？所以很难事先确定一个标准，必须因时制宜。后代的儒生们，为了想把道理阐述得没有缺漏，就去定一个个固定的模式，这正是所谓的偏执了。"

16.

【原文】

唐诩①问："立志是常存个善念，要为善去恶否？"

曰："善念存时，即是天理。此念即善，更思何善？此念非恶，更去何恶？此念如树之根芽，立志者长立此善念而已。'从心所欲不逾矩'②，只是志到熟处。"

"精神、道德、言动，大率收敛为主，发散是不得已，天、地、人、物皆然。"

①唐诩：江西人，王阳明的弟子。

②"从心"句：意为心与天理已合二为一，不管做什么都不会背离规矩。语出《论语·为政》。

【译文】

唐诩问："立志就是心中一直存一个善念，就是行善去恶吗？"

先生说："善念存于心间，就是天理。这个念头就是善，还需要想其他别的善吗？这个念头并不是恶，还哪有恶去除呢？这个意念就好像树的根和芽，立志的人就是永远确立这个善念罢了。只有等到立志已经十分纯熟，成为习惯时方可做到孔子所说'从心所欲不逾矩'。"

先生说："精神、道德、言语、行动，大多以收敛为主，向外发散开来是不得已而为之。天、地、人、物都是这样。"

17.

【原文】

曰仁①云："心犹镜也。圣人心如明镜，常人心如昏镜。近世格物之说如以镜照物，照上用功，不知镜尚昏在，何能照？先生之格物如磨镜而使之明，磨上用功，明了后亦未尝废照。"

【注释】

①曰仁：徐爱的字。

【译文】

　　徐爱说："人心就像是镜子。圣人的心像明亮的镜子，而普通人的心像暗淡的镜子。近代朱熹的格物学说就像是用镜子照事物，但只会在照上用功，不晓得镜子本身还仍旧是暗淡的，这怎么可能照清楚呢？先生的格物学说就像是在打磨镜子，使它变得明亮，把功夫下在打磨镜子上，镜子明亮后就不会影响照亮事物。"

18.

【原文】

　　问道之精粗。

　　先生曰："道无精粗，人之所见有精粗。如这一间房，人初进来只见一个大规模如此；处久，便柱壁之类一一看得明白；再久，如柱上有些文藻细细都看得出来，然只是一间房。"

【译文】

　　陆澄向先生请教道的精深和粗浅。

　　先生说："只是人们认识到的圣道才有精粗之分，圣道本身并没有精粗的区分。就好比一间房子，人们刚进来的时候，只看一个大概的轮廓而已；住久了，房间里的柱子墙壁也能一一看清楚；时间再长一些，人就会把柱子的花纹等都看得明明白白。但实际上房子还是同样的一个房子。"

19.

【原文】

先生曰：“诸公近见时少疑问，何也？人不用功，莫不自以为已知，为学只循而行之是矣。殊不知私欲日生，如地上尘，一日不扫便又有一层。着实用功便见道无终穷，愈探愈深，必使精白，无一毫不彻方可。”

【译文】

先生说：“最近见面，为什么你们都很少提问题呢？人如果不努力，就会自以为已经懂得了，做学问只须循着已知的方法做就行了。哪里知道私欲就好像地上的灰尘，会日日滋长，一天不去打扫就又积多一层。真正踏实用功的人认为圣道是不能够穷尽的，越探究越深奥，一定要做到精通明白，尽然透彻了才行。”

20.

【原文】

问：“知至然后可以言诚意。今天理人欲知之未尽，如何用得克己工夫？”

先生曰：“人若真实切己用功不已，则于此心天理之精微日见一日，私欲之细微亦日见一日。若不用克己工夫，终日只是说话而已，天理终不自见，私欲亦终不自见。如人走路一般，走得一段，方认得一段，走到歧路处，有疑便问，问了又走，方渐能到得欲到之处。今人于已知之天理不肯存，已知之人欲不肯去，且只管愁不能尽知，只管闲讲，何益之有？且待克得自己无私可克，方愁不能尽知，亦未迟在。"

【译文】

陆澄问："《大学》说：'完全知道后才可以说诚意。'但是在还没有完全弄明白天理私欲的时候，如何能在克制自己私欲的用功呢？"

先生说："假若一个人真正地坚持不懈用功修炼，那么他会一天比一天深刻地认识到天理的精妙细微和私欲的细微。如果没有下功夫克制私欲，每天只是说一说而已，最终就认识不到天理和私欲。就像人走路，走一段才能看清楚前面一段。到了岔路口，有了疑惑就不耻下问，问明白再走，这样才能渐渐走到目的地。如今人们即使已经认识到了天理也不愿存养，已经认识到了私欲却不愿意克制，仅仅在原地发愁是不能够把天理认识完全的，一味空谈有什么用呢？暂且先克制自己直到再没有私欲的境界，再去发愁不能完全认识天理和私欲，那也不迟。"

21.

【原文】

"与其为数顷无源之塘水，不若为数尺有源之井水，生意不穷。"

时先生在塘边坐，傍有井，故以之喻学云。

问："世道日降，太古时气象如何复见得？"

先生曰："一日便是一元①。人平旦时起坐，未与物接，此心清明景象，便如在伏羲时游一般。"

【注释】

①一元：宋朝邵雍说天地从形成到毁灭的一个周期叫作一元，共有十二万九千六百年。

【译文】

先生说："与其造一个数顷宽却没有水源的池塘，还不如挖一口数尺深但会有水源的井，这样才不会干枯。"

当时，先生刚好坐在池塘边，旁边有一口井，所以他就用这个来比喻治学。

陆澄问："如今世风日下，怎样才能重现太古时期的淳朴民风呢？"

先生说："一天就是一元。清晨醒来的时候坐起身，还没有接触任何事物，这个时候心中的清明景象，就像游历在伏羲所处的时代。"

22.

【原文】

问："心要逐物，如何则可？"

先生曰："人君端拱清穆，六卿分职，天下乃治。心统五官，亦要如此。今眼要视时，心便逐在色上；耳要听时，心便逐在声上。如人君要选官时，便自去坐在吏部；要调军时，便自去坐在兵部。如此，岂惟失却君体，六卿亦皆不得其职！"

"善念发而知之，而充之；恶念发而知之，而遏之。知与充与遏者，志也，天聪明也。圣人只有此，学者当存此。"

【译文】

陆澄问："心要追逐外物，怎么办才好？"

先生说："国君端身拱手，庄重肃穆，而六卿各司其职，天下才能大治。人心统领五官，也需要如此。如今眼睛看的时候，心就追逐在颜色上；耳朵听的时候，心就追逐在声音上。如果君王选拔官吏的时候，要亲自去吏部；调动大军的时候，要亲自去兵部。像这样的话，哪里只是君王的身份丧失，官员们也不能好好履行属于自己的职责了。"

先生说："认识到善念萌发便发展扩充它；认识到恶念萌发就努力遏止它。扩充善念、遏止恶念是心志的体现，也是上天赋予人的聪明才智。圣人是拥有这种聪明才智，而学者则应当存养这种聪明才智。"

23.

【原文】

问："身之主为心，心之灵明是知，知之发动是意，意之所着为物。是如此否？"

先生曰："亦是。"

"只存得此心常见在，便是学。过去未来事，思之何益？徒放心耳！"

"言语无序，亦足以见心之不存。"

【译文】

陆澄问："身的主宰是心，心的灵明是认识，认识的起因是意念，意念的载体是事物。这么说对吗？"

先生说："也可以这么说。"

先生说："学习就是时时存养本心。过去和未来的事情，想了有什么用？徒然丧失了本心而已！"

先生说："讲起话来语无伦次，也能够看出他并没有存养本心。"

24.

【原文】

尚谦①问孟子之"不动心"与告子异②。

先生曰："告子是硬把捉着此心，要他不动；孟子却是集义到自然不动。"

又曰："心之本体，原自不动。心之本体即是性，性即是理。性元不动，理元不动。集义是复其心之本体。"

"万象森然时，亦冲漠无朕③；冲漠无朕，即万象森然。冲漠无朕者，'一'之父；万象森然者，'精'之母。

'一'中有'精'，'精'中有'一'。"

"心外无物，如吾心发一念孝亲，即孝亲便是物。"

【注释】

①尚谦：薛侃，字尚谦，号中离，广东揭阳人，王阳明的弟子。

②孟子之"不动心"与告子异：语出《孟子·公孙丑上》。

③冲漠无朕：指一种寂然无我的境界。

【译文】

尚谦向先生请教孟子和告子所认为的"不动心"有什么差别。

先生说："告子的观点是人为地把持着心，让它不动；而孟子的观点是把道义集中到心中，使它自然不动。"

先生又说："心的本体本来就是不动的。因为心的本体是性，性就是理。人的性原本是不动的，理也是原本不动的。所以聚集道义只不过是恢复人心的本体。"

先生说："万事万物呈现在心中的时候，就是寂然无我；而当达到了寂然无我的境界时，万事万物也会呈现在心中。冲漠无朕是'唯一'的父亲，万象森然是'唯精'的母亲。'唯精'中有'唯一'，'唯一'中有'唯精'。"

先生说："心外无物，就好像我的心中产生了孝敬父母的意念，那么孝敬父母就是事物。"

25.

【原文】

问格物。

先生曰："格者，正也，正其不正以归于正也。"

问："'知止'者，知至善只在吾心，元不在外也，而后志定。"

曰："然。"

问："格物于动处用功否？"

先生曰："格物无间动静，静亦物也。孟子谓'必有事焉'①，是动静皆有事。"

"工夫难处，全在格物致知上，此即诚意之事。意既诚，大段心亦自正，身亦自修。但正心、修身工夫亦各有用力处。修身是已发边，正心是未发边。心正则中，身修则和。"

"自'格物''致知'至'平天下'②，只是一个'明明德'。虽'亲民'亦'明德'事也。'明德'是此心之德，即是仁。'仁者以天地万物为一体'，使有一物失所，便是吾仁有未尽处。"

【注释】

①必有事焉：语出《孟子·公孙丑上》："必有事焉而勿正，心勿忘，勿助长也。"这句话的意思是，任何时候都一定要培养（浩然之气），不要有特定的目的，不要忘记也不要违背客观规律去助长它。

②"格物"句：语出《大学》，王阳明认为《大学》中的八条目即格物、致知、诚意、正心、修身、齐家、治国、平天下，都可归结为"明明德"，与程朱理学的解释不同。

【译文】

陆澄请教有关格物的学说。

先生说："格，就是纠正。纠正不正确的使它归于正确。"

陆澄问："'知止'，就是明白至善原本不在心之外，而只存在于我们心中，而后志向才能安定。"

先生说："是的。"

陆澄问："格物是指在有所行动的时候用功吗？"

先生说："格物没有动静之分，静的时候也是有事物存在的。孟子说'必有事焉'，就是说不管动静都要用功。"

先生说："最难的功夫就是格物致知，这也就是之所以必须意诚的原因。意念真诚，基本上心就能自然中正，身自然也能得到修养。但是正心、修身的功夫也各有侧重点。修身是在感情发出之后，正心则是在感情未发之时。心正就是中正，修身就是平和。"

先生说："从'格物''致知'到'平天下'，都是'明明德'。'亲民'也是'明明德'的事情。'明德'也就是本心的善，就是仁爱。'仁者以天地万物为一体'，假使对一件事物感觉到失去，也就说明心中的仁德还有不完善的地方。"

26.

【原文】

问："程子云：'仁者以天地万物为一体。'何墨氏兼爱①，反不得谓之仁？"

先生曰："此亦甚难言，须是诸君自体认出来始得。仁是造化生生不息之理，虽弥漫周遍，无处不是，然其流行发生亦只有个渐，所以生生不息。如冬至一阳生，必自一阳生而后渐渐至于六阳②；若无一阳生，岂有六阳？阴亦然。惟有渐，所以便有个发端处；惟其有个发端处，所以生；惟其生，所以不息。譬之木，其始抽芽，便是木之生意发端处，抽芽然后发干，发干然后生枝生叶，然后是生生不息。若无芽，何以有干有枝叶？能抽芽，必是下面有个根在。有根方生，无根便死。无根何从抽芽？父子、兄弟之爱，便是人心生意发端处，如木之抽芽，自此而仁民，而爱物，便是发干生枝生叶。墨氏兼爱无差等，将自家父子、兄弟与途人一般看，便自没了发端处。不抽芽，便知得他无根，便不是生生不息，安得谓之仁？孝弟为仁之本，却是仁理从里面发出来。"

【注释】

①墨氏兼爱：墨翟，春秋战国之际思想家，墨家学派的创始人，后世称为墨子。鲁国人，曾为宋国大夫。兼爱是墨子政治思想和伦理思想的核心，以为天下之所以有众暴寡、强凌弱的现象，根源在于人

们不能兼相爱，提倡天下人相爱互利，反对儒家的亲亲主张。

②渐渐至于六阳：汉代易学家孟喜用《周易》中六阳卦分别代表夏历十一月至第二年四月，用六阴卦分别代表夏历五月至十月，以显示阴阳的消长。

【译文】

陆澄问："程颐先生说：'仁爱的人把天地万物和自己融为一体，视为一个整体。'那为什么墨子主张兼爱，却不被认为是仁爱呢？"

先生说："这个也是一言难尽。你们必须自己去体会才能够明白。仁爱是孕育万事万物生生不息的天理，尽管它存在于天地之间，无所不在，但它的运行也有个循序渐进的过程，才会生生不息。比如冬至的时候一阳初生，一定是会慢慢地从一阳发展变化到六阳。如果没有一阳产生，怎么会有六阳呢？阴也是这样。只因为它是一个渐变的过程，所以就会有个发端点；因为有了这个发端点，才会有生命；有生命才会生生不息。好比树木，萌芽就是树木生命的开端，之后长出树干，树干长出后再生出枝条和叶子，生生不息。没有萌芽这个开端，哪来树干、枝叶？而能够长出树芽来，就一定是下面一个树根在支撑。没有根就会死掉，有树根才能生长。父子、兄弟之间的爱，就是人心意念的发端，就像是树木的芽。有了这个才会仁爱百姓，爱惜万物，好比生发出来的枝条和叶子。墨子的兼爱学说，没有区别'爱'，将自己的父子、兄弟、路人等同看待，这就是没有了发端。由此可以看出他的兼爱是没有根据的，不能够生生不息地流传，这样怎么能称得上是仁爱呢？仁理就是从孝顺父亲、尊重兄长这个仁爱的根本中生发出来的。"

薛侃录

1.

【原文】

侃问："持志如心痛，一心在痛上，安有工夫说闲话、管闲事？"

先生曰："初学工夫如此用亦好，但要使知'出入无时，莫知其乡'，心之神明原是如此，工夫方有着落。若只死死守着，恐于工夫上又发病。"

【译文】

薛侃问："秉持志向的时候好像犯了心痛，一心只在痛苦上面，哪还有时间去说闲话、管闲事呢？"

先生说："初学下功夫时用这样的方法也好，但是自己要明白心灵的神明原本就是'出入本没有什么固定的时间，也就不知道它的去向'，只有这样才能让所下的功夫有着落。如果只是死死坚守志向，恐怕会在下功夫上出差错。"

2.

【原文】

侃问："专涵养而不务讲求，将认欲作理，则如之何？"

先生曰："人须是知学。讲求只是涵养，不讲求只是涵养之志不切。"

曰："何谓知学？"

曰："且道为何而学，学个甚？"

曰："尝闻先生教，学是学存天理。心之本体即是天理，体认天理，只要自心地无私意。"

曰："如此则只须克去私意便是，又愁甚理欲不明？"

曰："正恐这些私意认不真。"

曰："总是志未切。志切，目视、耳听皆在此，安有认不真的道理？'是非之心，人皆有之'①，不假外求。讲求亦只是体当自心所见，不成去心外别有个见！"

【注释】

①"是非"句：语出《孟子·公孙丑上》："恻隐之心，仁之端也；羞恶之心，义之端也；辞让之心，礼之端也；是非之心，智之端也。人之有是四端也，犹其有四体也。"

【译文】

薛侃问："专注于德行的涵养而不讲求学问上的研究，如果把私欲认作天理，那怎么办呢？"

先生说："人必须先懂得学习。修习研究也是为了德行的涵养，而不修习研究只因为存养天性的志向不坚定。"

薛侃说："怎么样算是知道学习？"

先生说："你姑且谈一谈为什么要学习？又该学习些什么？"

薛侃说:"曾经听先生教诲,学习就是学习存天理。心的本体就是天理,所以只要自己的内心没有私念,就能体察认识天理。"

先生说:"这样的话只要克制自己把私欲去除就够了,还担心什么不明白天理、私欲呢?"

薛侃说:"害怕的正是认不清这些私欲。"

先生说:"这还是志向不够坚定。如果志向坚定的话,眼睛、耳朵只会集中在这上面,哪会有认不清私欲的道理?'是非之心,人皆有之',不需从外面去寻求。讲习求学也只是体察自己的内心所见到的东西,难不成还可以去心外另寻他见?"

3.

【原文】

先生问在坐之友:"此来工夫何似?"

一友举虚明意思①。先生曰:"此是说光景。"

一友叙今昔异同。先生曰:"此是说效验。"

二友惘然,请是。

先生曰:"吾辈今日用功,只是要为善之心真切。此心真切,见善即迁,有过即改②,方是真切工夫。如此,则人欲日消,天理日明。若只管求光景、说效验,却是助长外驰病痛,不是工夫。"

【注释】

①虚明意思:由静坐而产生的超觉体验,恍若海市蜃楼,故曰"光景"。

②见善即迁，有过即改：语出《周易·益卦》："君子以见善则迁，有过则改。"

【译文】

先生问在座的朋友们："近来功夫如何？"

一个朋友说了一些自己因为静坐而产生的幻觉。先生说："你这说的是呈现在表面的现象而已。"

一位朋友讲述了现在和过去的异同。先生说："你这说的是做功夫的效果。"

两位朋友不解，向先生请教。

先生说："我们现在下功夫只是为了让善心更加真切。这个求善的心真切，见了善就自然会靠近，有了错误会马上改正，这才达到了真切的功夫。如此下来私欲便会逐日不见，天理也就日益明朗。如果只管寻求表面现象和效果，反倒是助长了向外寻天理的弊端，并非达到真正的功夫。"

4.

【原文】

侃去花间草，因曰："天地间何善难培，恶难去？"

先生曰："未培未去耳。"少间，曰："此等看善恶，皆从躯壳起念，便会错。"

侃未达。

曰："天地生意，花草一般。何曾有善恶之分？子欲观花，则以花为善，以草为恶。如欲用草时，复以草为善矣。此等善恶，皆由汝心好恶所生，故知是错。"

曰："然则无善无恶①乎？"

曰："无善无恶者理之静，有善有恶者气之动。不动于气即无善无恶，是谓至善。"

曰："佛氏亦无善无恶，何以异？"

曰："佛氏着在无善无恶上，便一切都不管，不可以治天下。圣人无善无恶，只是'无有作好''无有作恶'，不动于气。然'遵王之道''会其有极'，②便自一循天理，便有个裁成辅相③。"

曰："草既非恶，即草不宜去矣。"

曰"如此却是佛、老意见。草若是碍，何妨汝去？"

曰："如此又是作好作恶？"

曰："不作好恶，非是全无好恶，却是无知觉的人。谓之不作者，只是好恶一循于理，不去又着一分意思。如此，即是不曾好恶一般。"

曰："去草如何是一循于理，不着意思？"

曰："草有妨碍，理亦宜去，去之而已；偶未即去，亦不累心。若着了一分意思，即心体便有贻累，便有许多动气处。"

曰："然则善恶全不在物？"

曰"只在汝心。循理便是善，动气便是恶。"

曰："毕竟物无善恶？"

曰："在心如此，在物亦然。世儒惟不知此，舍心逐物，将格物之学错看了，终日驰求于外，只做得个'义袭而取'，终身行不著，习不察。"

曰："'如好好色，如恶恶臭'，则如何？"

曰："此正是一循于理，是天理合如此，本无私意作好作恶。"

曰："如好好色，如恶恶臭。安得非意？"

曰："却是诚意，不是私意。诚意只是循天理。虽是循天理，亦看不得一分意。故有所忿懥④好乐，则不得其正。须是廓然大公，方是心之本体。知此，即知未发之中。"

伯生⑤曰："先生云：'草有妨碍，理亦宜去。'缘何又是躯壳起念？"

曰："此须汝心自体当。汝要去草，是甚么心？周茂叔⑥窗前草不除，是甚么心？"

【注释】

①无善无恶：语出《坛经·行由》："惠能云：'不思善，不思恶。正与么时，那个是明上座本来面目。'"

②"无有作好"等句：语出《尚书·洪范》。无有作好、无有作恶，意为没有自私的好恶。遵王之道，意为遵行王道、公道。会其有极，意为会归于法度、准则。

③裁成辅相：语出《周易·泰卦·象传》。裁成，意为剪裁成适用的样子。辅相，意为辅助、帮助。

④有所忿懥(zhì)：语出《大学》："身有所忿懥，则不得其正；有所恐惧，则不得其正；有所好乐，则不得其正；有所忧患，则不得

其正。"

⑤伯生：孟源，字伯生，王阳明弟子。

⑥周茂叔：周敦颐（1017—1073），字茂叔，宋营道楼田堡（今湖南道县）人。宋明理学创始人，程颐的老师。

【译文】

薛侃在锄花间杂草时，顺势问道："为什么天地间的善很难栽培，恶很难除去呢？"

先生说："因为人们还没有去培养善或者除去恶。"过了一会儿，先生又说："像你这样从表面上看待善恶，就会出错。"

薛侃没有理解。

先生又说："天地中一团生气，就像花草的生长，何曾有什么善恶之分？你想要赏花，便把花当作善，把花间的草作为恶。但是当你需要草的时候，你又会反过来把草当作善。这样的善恶之分，都是由你心中的喜好或讨厌生发出来的。所以说是错误的。"

薛侃说："这样说来，善恶之间没有分别了吗？"

先生说："无善无恶是天理的静止状态，而有善有恶是气的动态产生的。不因气而动，自然无善无恶了，这就是至善。"

薛侃说："佛教也有无善无恶的说法，与先生所说有何区别呢？"

先生说："佛教执着于无善无恶，便其余一切都置之不理，所以不能够治理天下。圣人讲的无善无恶，只是不刻意为善，不刻意为恶，不为气所动。这样，'遵循王道'，自然会归于法度天理。也就自然能'裁成天地之道，辅助天敌之宜'。"

薛侃说："既然草并不是恶，那么就不应该把草去掉了。"

先生说："这样又是佛、道两家的主张了。既然草成为障碍，把它除掉又何妨呢？"

薛侃说："这样不又是在为善为恶了吗？"

先生说："不从私欲上为善为恶，并非全无好恶的区分；若是全无好恶之分，岂不成了没有知觉的人了。所谓不刻意为善为恶，只是说好恶需要遵循天理，不夹杂丝毫私心杂念。这样，就和不曾有好恶一样了。"

薛侃说："除草时怎样才能遵循天理，不带私欲呢？"

先生说："草对你有妨碍，依照天理就应当除去，除去就是；偶尔有没有及时除去的，也勿记挂心中。如果你有了一分记挂，心就会为它所累，便会有许多为气所动的地方了。"

薛侃说："那么善恶全然不在事物之上了？"

先生说："善恶只存在于你心中。遵循天理就是善，动气就是恶。"

薛侃说："那么事物到底有没有善恶之分？"

先生说："在心上是如此，在物也是如此。后世儒生们往往不明白这个道理，而舍弃本心去追求心外之物，把格物的学问搞错了，成天在心外寻求，最终只能做到'义袭而取'，终身'行不著，习不察'。"

薛侃说："那么'如好好色，如恶恶臭'这句话，应当如何理解呢？"

先生说："这正是一直遵循天理，天理本该如此，它本来没有私欲去为善为恶。"

薛侃说："但是喜好美色，厌恶恶臭，怎会没有私欲在其中呢？"

先生说："这是诚意，而非私欲。诚意只是遵循天理。虽然遵循天理，也不能掺杂丝毫私欲。因此，有一丝怨愤或喜乐，心就不能保持中正平和。豁然无私，才是心的本体。明白了这个，就明白'未发之中'了。"

孟源说："先生说：'草对你有妨碍，依照天理就应当除去。'为什么说这是从表面上产生的私念呢？"

先生说："这需要你自己的心去体会。你想除掉草，是什么心思？周敦颐不拔掉窗前的草，又是怀着什么心思？"

5.

【原文】

先生谓学者曰："为学须得个头脑，工夫方有着落。纵未能无间，如舟之有舵，一提便醒。不然，虽从事于学，只做个'义袭而取'，只是'行不著，习不察'，非大本、达道也。"

又曰："见得时，横说竖说皆是。若于此处通，彼处不通，只是未见得。"

【译文】

先生对学生说："做学问一定要有个宗旨，这样学问才有着落。虽然在其间不可能没有间断，但就像船有了舵，一提便明白了。不然的话，虽然是在做学问，也只能沿袭他人，只会'行不著，习不察'，并非学习的主干大道。"

先生又说："有了宗旨，不管怎样说都是正确的。如果只是这里明白了，别处又不明白，那只是因为没有宗旨。"

6.

【原文】

或问："为学以亲故，不免业举之累。"

先生曰："以亲之故而业举为累于学，则治田以养其亲者，亦有累于学乎？先正云：'惟患夺志。'①但恐为学之志不真切耳。"

【注释】

①惟患夺志：程颐语，语出《河南程氏遗书》："故科举之事，不患妨功，惟患夺志。"意为不怕科举耽误、妨碍学习，只怕因科举丧失了为学的志向。

【译文】

有人问："做学问只是为了父母的缘故，难免会被科举拖累。"

先生说："为了父母参加科举考试会妨碍学习，那么，为了侍奉父母去种田，也会妨碍学习。程颐先生说：'只怕丧失为学之志向。'怕只怕学习的志向不够坚定。"

7.

【原文】

崇一①问："寻常意思多忙，有事固忙，无事亦忙，何也？"

先生曰："天地气机，元无一息之停。然有个主宰，故不先不后，不急不缓，虽千变万化而主宰常定，人得此而生。若主宰定时，与天运一般不息，虽酬酢万变，常是从容自在，所谓'天君泰然，百体从令'②。若无主宰，便只是这气奔放，如何不忙？"

【注释】

①崇一：欧阳德 (1496—1554)，字崇一，号南野，江西泰和人，王阳明的弟子。

②天君泰然，百体从令：语出宋代范浚《香溪集》。

【译文】

欧阳崇一问："平日里大多情况下思想意念都很忙乱，有事的时候固然会忙，但是没事的时候也忙，这是为什么呢？"

先生说："天地间的气息，原来就没有一刻停止过。但它有一个主宰，即使千变万化，也会不先不后，不急不缓，因为主宰是恒定不变的。人就凭着这个主宰生存。如果人的主宰安定，即使像天地一样运行不止，日理万机，也能常常保持从容自在，所谓'天君泰然，百体从令'。如果没有主宰，便会任由气奔腾放纵，怎么能不忙乱呢？"

8.

【原文】

先生曰："为学大病在好名。"

侃曰："从前岁自谓此病已轻，此来精察，乃知全未。岂必务外为人？只闻誉而喜，闻毁而闷，即是此病发来。"

曰："最是。名与实对，务实之心重一分，则务名之心轻一分；全是务实之心，即全无务名之心。若务实之心如饥之求食、渴之求饮，安得更有功夫好名！"

又曰："'疾没世而名不称'①，'称'字去声读，亦'声闻过情，君子耻之'②之意。实不称名，生犹可补，没则无及矣。'四十五十而无闻'③，是不闻道，非无声闻也。孔子云：'是闻也，非达也。'④安肯以此望人！"

【注释】

①疾没世而名不称：语出《论语·卫灵公》："子曰：'君子疾没世而名不称焉。'"此句有二解，一为，到去世时名字不为人称道，君子引以为憾；二为，到去世时名声与自己的实际不相符，君子引以为憾。王阳明从第二种解释。

②声闻过情，君子耻之：语出《孟子·离娄下》："故声闻过情，君子耻之。"意为盛名之下，其实难副，君子以此为耻。

③四十五十而无闻：语出《论语·子罕》。

④是闻也，非达也：语出《论语·颜渊》。

【译文】

先生说:"治学最大的弊病是好名。"

薛侃说:"从去年以来,我自以为我的这个毛病已经有所减轻,但近来仔细体会观察,才知道完全不是这样。难道好名只是想从别人那求得好的名声吗?只要听到赞誉便欣喜,听到诋毁便郁郁不乐,也是因为有好名的毛病。"

先生说:"正是这样。名和实相互对应,多一分务实的心,就会少一分求名的心;心全在务实上,便没有求名的心思了。我们知道饿了会到处寻找食物,渴了会找水,如果务实的心也是如此,哪里还有时间去好名?"

先生又说:"孔子所说的'疾没世而名不称','称'应该读第四声,就是'名声超过实情,君子感到羞耻'的意思。现实和名声不符,在活着的时候还能够挽回,死了就再也不行了。'四十五十而无闻'中的'闻'是没有听闻道,而不是没有名声。孔子说:'是闻也,非达也。'他怎么会凭名气来看待别人呢?"

9.

【原文】

侃多悔。

先生曰:"悔悟是去病之药,然以改之为贵。若留滞于中,则又因药发病。"

薛侃时常会事后后悔。

先生说:"悔悟是去除毛病的良药,但能让人有错便改才是它的效用之所在。如果仅仅将悔恨留滞在心里,就会因为用药而添病。"

10.

【原文】

德章^①曰:"闻先生以精金喻圣,以分两喻圣人之分量,以锻炼喻学者之工夫,最为深切。惟谓尧、舜为万镒,孔子为九千镒,疑未安。"

先生曰:"此又是躯壳上起念,故替圣人争分两。若不从躯壳上起念,即尧、舜万镒不为多,孔子九千镒不为少。尧、舜万镒只是孔子的,孔子九千镒只是尧、舜的,原无彼我。所以谓之圣,只论'精一',不论多寡。只要此心纯乎天理处同,便同谓之圣。若是力量气魄,如何尽同得?后儒只在分两上较量,所以流入功利。若除去了比较分两的心,各人尽着自己力量精神,只在此心纯天理上用功,即人人自有,个个圆成,便能大以成大,小以成小,不假外慕,无不具足^②。此便是实实落落明善诚身的事。

"后儒不明圣学,不知就自己心地良知良能^③上体认扩充,却去求知其所不知,求能其所不能,一味只是希高慕大，不知自己是桀、纣心地，动辄要做尧、舜事业，如何做得？终年碌碌，至于老死，竟不知成就了个甚么，可哀也已！"

【注释】

①德章：姓刘，王阳明的学生。

②具足：佛教名词，指佛教比丘和比丘尼所受戒律，与沙弥和沙弥尼所受十戒相比，戒品具足，故称具足戒。这里是完备的意思。

③良知良能：语出《孟子·尽心上》："孟子曰：'人之所以不学而能者，其良能也；所不虑而知者，其良知也。'"

【译文】

德章说："我听先生曾用纯金来比喻圣人，而以金的分量比喻圣人才力的大小，金的提炼比喻学者所下的修养功夫，很是深刻准确。只是您说尧舜好比万镒重的金子，而只把孔子比作九千镒的金子，可能不太恰当。"

先生说："你之所以会为圣人们争分量，是因为只在表面形式上着想了。如果不是从表面上着想，那么把尧舜比作万镒的纯金也不会觉得多，而把孔子比作九千镒的纯金也不觉得少。尧舜的万镒也是孔子的，孔子的九千镒也是尧舜的，原本没有你我之别。把他们称为圣人，是只考虑他们的质是否达到了'精一'的境界，而不在于他们才力的大小。只要他们的心同样合乎天理，便一样把他们叫作圣人。谈到才智气魄，怎么可能会全然相同呢？后世儒生们只懂得在才力的大小上斤斤计较，所以才会陷入功利的泥潭当中。如果能够把这种计较才能大小的私心去除掉，各人只尽自己所能在存天理这方面下的功夫，就自然会人人有所成就，功德圆满，能力大的人做出大成就，能力小的就做出小成就，不需要凭借外力就能完美纯粹。这就是实实在在、明善诚身的事情。

"后世儒生们不懂得圣人的学说，不知道扩充自己本心的知识和能力，以此追求那些没有认识的事情和不具备的能力，一味好高骛远，爱慕虚荣，不知道自己的心是桀纣的心，怎么能动不动就要去做尧舜的事业？直到终老死去，也只是终年碌碌无为，不知道究竟得了什么成就，真是可悲呀！"

11.

【原文】

问："上智、下愚，如何不可移？"①

先生曰："不是不可移，只是不肯移。"

【注释】

①"上智"句：语出《论语·阳货》："子曰：'唯上智与下愚不移。'"知，去声。一般认为孔子所说的不移是不可移。

【译文】

薛侃问："上等的智者和下等的愚者，为什么不能改变？"

先生说："不是不可改变，只是不愿意改变而已。"

12.

【原文】

"种树者必培其根，种德者必养其心。欲树之长，必于始生时删其繁枝；欲德之盛，必于始学时去夫外好。如外好诗文，则精神日渐漏泄在诗文上去。凡百外好皆然。"

又曰："我此论学，是无中生有的工夫。诸公须要信得及，只是立志。学者一念为善之志，如树之种，但勿助勿忘，只管培植将去，自然日夜滋长，生气日完，枝叶日茂。树初生时，便抽繁枝，亦须刊落，然后根干能大。初学时亦然，故立志贵专一。"

【译文】

先生说："种树的人定会先栽培树根，培养德行的人定会先存养心性。想让树长高，一定会在开始的时候修剪掉多余的树枝；想让品德高尚，一定会在初学的时候除去对外物的爱好。比如爱好诗文，那么精神就会逐渐倾注到诗文上去。其余的爱好也都是这样。"

先生接着说："我这次讲学，讲的是无中生有的功夫。你们如果要相信，首先就要立志。学者的一点行善的念头，就好比种树，不拔苗助长，也不要把它忘记，只管去培育它，生长可任由它，这样自然会生机勃勃，枝叶也会日渐茂盛。树木刚开始生长的时候发出来的多余的枝，必须修剪，这样树的根和干才能粗壮。刚开始治学的时候也是这样，所以贵在立志专一。"

13.

【原文】

因论先生之门，某人在涵养上用功，某人在识见上用功。

先生曰："专涵养者，日见其不足；专识见者，日见其有余。日不足者日有余矣，日有余者日不足矣。"

【译文】

谈及先生的弟子，发现某人把功力下在修养身心上，某人则在知识见闻上用功。

先生说："专于身心修养的人，会每天都看到自己的不足；专在知识见闻上用功的人，会一天比一天觉得自己懂的东西多到有余。每天觉得自己不足的人，最终会一天比一天提高；而每天感到自己知识有余的人，会一天比一天不足。"

14.

【原文】

守衡问："《大学》工夫只是诚意，诚意工夫只是格物，修、齐、治、平，只诚意尽矣，又有正心之功，'有所忿懥、好、乐，则不得其正'，何也？"

先生曰："此要自思得之。知此则知未发之中矣。"

守衡再三请。

曰："为学工夫有浅深，初时若不着实用意去好善恶恶，如何能为善去恶？这着实用意便是诚意。然不知心之本体原无一物，一向着意去好善恶恶，便又多了这分意思，便不是廓然大公。《书》所谓'无有作好作恶'，方是本体。所以说'有所忿懥好乐，则不得其正'。正心只是诚意工夫里面体当自家心体，常要鉴空衡平①，这便是未发之中。"

【注释】

①鉴空衡平：语出朱熹《大学·或问》："人之一心，湛然虚明，如鉴之空，如衡之平，以为一身之主者，固其真体之本然。"鉴，镜子。衡，秤杆。此语以镜之空、秤之平比喻心体的清明中正。

【译文】

守衡问："《大学》讲的功夫是诚意，而诚意的功夫是格物、修身、齐家、治国、平天下，诚意到达就足够了。可是《大学》还有正心的功夫，说'如果有愤恨喜乐，心就不能中正'，这是为什么？"

先生说："这需要你自己思考才能明白。知道了这个你就懂得未发之中了。"

守衡再三地请教先生。

先生说："治学的功夫有深浅的区别，开头如果不用心去好善憎恶，如何能做到为善除恶呢？这里的用心就是诚意。

但是如果不明白心的本体原本就是纯净无物的，一直执着地去刻意好善憎恶，便又会多一份执着刻意，便不是廓然大公了。《尚书》中说'不故意去为善作恶'，才是心的本体。所以说，'有所忿懥好乐，心就不能中正'。正心就是要经常使心像镜子一样空明，像秤杆一样平衡，从诚意功夫上体察它。这便是未发之中了。"

15.

【原文】

正之[①]问曰："戒惧是己所不知时工夫，慎独是己所独知时工夫，此说如何？"

先生曰："只是一个工夫，无事时固是独知，有事时亦是独知。人若不知于此独知之地用力，只在人所共知处用功，便是作伪，便是'见君子而后厌然'[②]。此独知处便是诚的萌芽。此处不论善念恶念，更无虚假，一是百是，一错百错。正是王霸、义利、诚伪、善恶界头。于此一立立定，便是端本澄源，便是立诚。古人许多诚身的工夫，精神命脉，全体只在此处，真是莫见莫显，无时无处，无终无始，只是此个工夫。今若又分戒惧为己所不知，即工夫便支离，亦有间断。既戒惧即是知。己若不知，是谁戒惧？如此见解，便要流入断灭禅定。"

曰："不论善念恶念，更无虚假，则独知之地，更无无念时邪？"

曰："戒惧亦是念。戒惧之念，无时可息。若戒惧之心稍有不存，不是昏聩，便已流入恶念。自朝至暮，自少至老，若要无念，即是己不知，此除是昏睡，除是槁木死灰。"

【注释】

①正之：黄弘纲（1492—1561），字正之，号洛村，江西人，官至刑部主事，王阳明的学生。

②见君子而后厌然：意为见到君子后掩饰自己的恶行。语出《大学》："小人闲居为不善，无所不至，见君子而后厌然，掩其不善而著其善。"

【译文】

正之问："戒惧是自己不知晓时的功夫，慎独是自己一个人思考时的功夫，这种说法您怎么看？"

先生说："都只不过是一个功夫，没有遇到事情时固然是一个人知晓，遇到事情的时候也应当独立思考。人们如果只知道在人人都懂的地方用功，而不知道在应该独立思考的地方用功，便是作假，就是'见君子而后厌然'。在独立思考的地方下功夫便是诚意的萌芽。这里没有一丝虚假的地方，不管是善念还是恶念，一对百对，一错百错。这就是王道与霸道、义与利、真诚与虚伪、善与恶的区别所在。能在此立住脚跟，便是正本清源，便是坚定诚意。古人许多诚身的功夫，精神命脉，全都只在这个地方，真是无处不显，无时不在，贯穿始终，只是这个功夫而已。现在又把'戒惧'分出来，认为是自己不知道的功夫，就会使功夫支离破碎，中间也会有断隔。如果自己并不知道，那是谁在戒惧呢？这样的见解，就要流于绝灭和佛家的观点了。"

正之说："不管善念恶念，都没有虚假，那么，自己独处时，就没有念的时候了吗？"

先生说："戒惧也是念。戒惧的念头，从来不会停止，如果不存在戒惧的念头，人就会变得糊涂，就会被恶念侵袭。从早上到晚上，从年少到老时，若是没有意念，就相当于自己没有知觉。这样，不是在昏睡中，就是形同槁木，心如死灰。"

16.

【原文】

萧惠①问："己私难克，奈何？"

先生曰："将汝己私来替汝克②。"

又曰："人顺有为己之心，方能克己，能克己，方能成己。"

萧惠曰："惠亦颇有为己之心，不知缘何不能克己？"

先生曰："且说汝有为己之心是如何？"

惠良久曰："惠亦一心要做好人，便自谓颇有为己之心。今思之，看来亦只是为得个躯壳的己，不曾为个真己。"

先生曰："真己何曾离着躯壳？恐汝连那躯壳的己也不曾为。且道汝所谓躯壳的己，岂不是耳、目、口、鼻、四肢？"

惠曰："正是为此，目便要色，耳便要声，口便要味，四肢便要逸乐，所以不能克。"

先生曰："'美色令人目盲，美声令人耳聋，美味令人口爽，驰骋田猎令人发狂。'③这都是害汝耳、目、口、鼻、四肢的，岂得是为汝耳、目、口、鼻、四肢？若为着耳、目、口、鼻、四肢时，便须思量耳如何听，目如何视，口如何言，四肢如何动。必须非礼勿视、听、言、动④，方才成得个耳、目、口、鼻、四肢，这个才是为着耳、目、口、鼻、四肢。汝今终日向外驰求，为名、为利，这都是为着躯壳外面的物事。汝若为着耳、目、口、鼻、四肢，要非礼勿视、听、言、动时，岂是汝之耳、目、口、鼻、四肢自能勿视、听、言、动？须由汝心。这视、听、言、动皆是汝心。汝心之动视发窍于目，汝心之听发窍于耳，汝心之言发窍于口，汝心之动发窍于四肢。若无汝心，便无耳、目、口、鼻。所谓汝心，亦不专是那一团血肉。若是那一团血肉，如今已死的人，那一团血肉还在，缘何不能视、听、言、动？所谓汝心，却是那能视、听、言、动的，这个便是性，便是天理。有这个性，才能生这性之生理，便谓之仁。这性之生理，发在目便会视，发在耳便会听，发在口便会言，发在四肢便会动，都只是那天理发生，以其主宰一身，故谓之心。这心之本体，原只是个天理，原无非礼。这个便是汝之真己，这个真己是躯壳的主宰。若无真己，便无躯壳。真是有之即生，无之即死。汝若真为那个躯壳的己，必须用着这个真己，便须常常保守着这个真己的本体，戒慎不睹，恐惧不闻，惟恐亏损了他一些。才有一毫非礼萌动，便如刀割，如针刺，忍耐不过，必须去了刀，拔了针。这才是有为己之心，方能克己。汝今正是认贼作子，缘何却说有为己之心不能克己？"

【注释】

①萧惠：王阳明的弟子，生平不详。

②替汝克：据《景德传灯录》记载，禅宗二祖神光师从达摩老祖之初，曾对达摩说："我心未安，请师安心。"达摩说："将心来，与汝安。"

③"美色令人目盲"四句：语出《老子》："五色令人目盲，五音令人耳聋，五味令人口爽，驰骋田猎令人心发狂。"意为过度的感官享受有损人的健康。爽，败坏，在此指味觉有失误。

④非礼勿视、听、言、动：语出《论语·颜渊》："子曰：'非礼勿视，非礼勿听，非礼勿言，非礼勿动。'"

【译文】

萧惠问："自己的私欲难以除去，该拿它怎么办？"

先生说："说出你的私欲来，我帮你把它除去。"

接着说："人需有为自己考虑的心才能够克制自己，能够克制自己，才能让自己有所成就。"

萧惠说："我也很有为自己着想的心，但是不知为何总是不能克制自己，除去私欲。"

先生说："暂且说说你的为自己着想的心是什么样的？"

萧惠过了很久才说："我一心想要成为好人，就自以为很有为自己着想的心。现在看来，我并非为真正的自己着想，而只是为自己的空躯壳着想。"

先生说："真正的自己何时会离开人的躯壳？恐怕你为自己的躯壳都不曾着想过。你所说的自己的躯壳，岂不就是指耳朵、眼睛、嘴巴、鼻子、四肢吗？"

萧惠说："正是为了这些，眼睛需要美色，耳朵需要声音，嘴巴需要美味，四肢需要安逸，这些私欲无法克制。"

先生说："美色会让人眼睛失明，美声会使人耳朵失聪，美味会使人失去味觉，骑马狩猎则会使人心发狂。这些都是损害你的耳目口鼻和四肢的，哪里是为了它们着想？如果真是为耳目口鼻和四肢着想，就应该考虑耳朵该怎么听，眼睛该怎么看，嘴巴该吃什么，四肢该怎么运动。必须'非礼勿视，非礼勿听，非礼勿言，非礼勿动'，才能满足耳目口鼻和四肢的需要，才真正是为了自己的耳目口鼻和四肢着想。如今，你成天向外去寻求名利，这些只是为了你躯体外面的东西。如果你只是为了耳目口鼻和四肢，便不看、不听、不说、不做违背礼仪的事情，难道你的耳目口鼻和四肢会自动不看、不听、不说、不做吗？必须是你的心决定，你的心用眼睛看，用耳朵听，用嘴巴说，用四肢运动而已。如果没有你的心，也就没有你的耳目口鼻。但是你的心，也不单指身体里的那一团血肉。如果单单是指那一团血肉，死去的人也还有那一团血肉在，为何他们却不能看、听、说、动呢？你的心，指的是那颗能指挥你看、听、说、动的心，就是天性，也就是天理。有了这个性，才有了这性的生生不息的道理，也就是仁。这性的生生不息之理，表现在眼睛里就会看，表现在耳朵里会听，表现在嘴巴上就会说，表现在四肢上就是运动，这些都只不过是天理发生作用。因为天理主宰着全部的身体，所以叫作心。这心的本体，原本只是一个天理，原本就不会违背天理。这就是你的真实的自己，这个真实的自己是躯壳的主宰。如果没有真正的自己，躯体也不存在。有了真实的自己就有了生命，没有真实的自己就会死掉。你如果真的为了自己的躯壳，就必须用这个真正的自己，时时刻刻都坚守这个自己的本体。做到戒慎于不视，恐惧于不闻，害怕对这个真我的本体有一丝损伤。违背礼仪的意念稍有萌动，就会像刀割针刺，自己不能忍受，必须去了刀、拔了针。这样才算是有为自己着想的心，才能克制私欲。你现在正是认贼为子，为什么要说成是有了替自己着想的心，却不能够克制自己呢？”

17.

【原文】

　　有一学者病目，戚戚甚忧，先生曰：“尔乃贵目贱心。”

【译文】

　　有一个学者患了眼病，忧虑难当，先生说：“你这是珍视眼睛，轻视本心。”

18.

【原文】

萧惠好仙、释。

先生警之曰："吾亦自幼笃志二氏，自谓既有所得，谓儒者为不足学。其后居夷三载，见得圣人之学若是其简易广大，始自叹悔错用了三十年气力。大抵二氏之学，其妙与圣人只有毫厘之间。汝今所学，乃其土苴，辄自信自好若此，真鸱鸮窃腐鼠耳。"

惠请问二氏之妙。

先生曰："向汝说圣人之学简易广大，汝却不问我悟的，只问我悔的。"

惠惭谢，请问圣人之学。

先生曰："汝今只是了人事问，待汝办个真要求为圣人的心，来与汝说。"

惠再三请。

先生曰："已与汝一句道尽，汝尚自不会！"

【译文】

萧惠喜好道教和佛教。

先生告诫他说："我也自幼深信于佛、道两教的学说，自以为颇有收获，觉得儒家学说根本就不值得学习。但后来我在贵州的龙场待了三年，发现孔子的学问是如此的简易博大，这个时候才开始感叹，后悔枉花了自己三十年的功夫。大致上来说，佛道两家的精妙之处和圣人的学说只有毫厘之差。你现在学习到的不过是佛道两家的糟粕，就已经自信、自我欣赏到这种地步，有点像猫头鹰逮到了一只腐鼠一样。"

萧惠便向先生请教佛道两家的精华所在。

先生说："我刚刚跟你说了，圣人的学说简易广大，你却不问我领悟到的圣学，只问我觉得后悔的部分。"

萧惠惭愧地道了歉，并且再请教圣人的学说。

先生说："你现在只是为了敷衍了事才问我的，等你真正有了求圣之心的时候，我再来告诉你。"

萧惠又再三请教先生。

先生说："已经用一句话全都告诉过你了，你自己还不明白！"

19.

【原文】

萧惠问死生之道。

先生曰："知昼夜即知死生。"

问昼夜之道。

曰："知昼则知夜。"

曰："昼亦有所不知乎？"

先生曰："汝能知昼？懵懵而兴，蠢蠢而食，行不著，习不察，终日昏昏，只是梦昼。惟'息有养，瞬有存'①，此心惺惺明明，天理无一息间断，才是能知昼。这便是天德，便是通乎昼夜之道而知②，更有甚么死生？"

【注释】

①息有养，瞬有存：意为瞬息都不要间断存养的功夫。语出张载《张子全书》。

②"通乎"句：意为通晓了昼夜阴阳的变化规律就会明白天地宇宙的运动规律。语出《易经·系辞上》。

【译文】

萧惠向先生请教生死的道理。

先生说："知道昼夜，就知道了生死。"

萧惠又请教昼夜的道理。

先生说："懂得了白天，就懂得了黑夜。"

萧惠说："还有人会不懂得白天吗？"

先生说："你能知道白天吗？迷迷糊糊地起床，傻傻地吃饭，做了事却不明白，习惯后却不知道为什么会是这样，全天昏昏沉沉，只是像在做白日梦。只有时时不忘存养的功夫，使心变得清醒明白，天理也没有片刻的中断，才能算是知道白天了。这就是天理，就是通晓了白天夜晚的道理，还会有什么生死之事弄不明白的呢？"

中

卷

答顾东桥书

1.

【原文】

来书云："真知即所以为行，不行不足谓之知。此为学者吃紧立教，俾务躬行则可。若真谓行即是知，恐其专求本心，遂遗物理，必有暗而不达之处，抑岂圣门知行并进之成法哉？"

知之真切笃实处即是行，行之明觉精察处即是知。知行功夫本不可离，只为后世学者分作两截用功，先却知行本体，故有合一并进之说。真知即所以为行，不行不足谓之知。即如来书所云"知食乃食"等说可见，前已略言之矣。此虽吃紧救弊而发，然知行之体本来如是，非以己意抑扬其间，姑为是说，以苟一时之效者也。

"专求本心，遂遗物理"，此盖失其本心者也。夫物理不外于吾心，外吾心而求物理，无物理矣；遗物理而求吾心，吾心又何物邪？心之体，性也，性即理也。故有孝亲之心即有孝之理，无孝亲之心即无孝之理矣；有忠君之心，即有忠之理，无忠君之心，即无忠之理矣。理岂外于吾心邪？晦庵谓"人之所以为学者，心与理而已，心虽主乎一身而实管乎天下之理，理虽散在万事而实不外乎一人之心"，是其一分一合之间，而未免已启学者心、理为二之弊。此后世所以有"专求本心遂遗物理"之患。正由不知心即理耳。夫外心以求物理，是以有暗而不达之处，此告子义外之说①，孟子所以谓之不知义也。心一而已，以其全体恻怛而言谓之仁，以其得宜而言谓之义，以其条理而言谓之理。不可外心以求仁，不可外心以求义，独可外心以求理乎？外心以求理，此知、行之所以二也。求理于吾心，此圣门知行合一之教，吾子又何疑乎？

【注释】

①告子义外之说：语出《孟子·告子上》："告子曰：'仁，内也，非外也；义，外也，非内也。'"孟子的评论见《孟子·公孙丑上》："我故曰：'告子未尝知义，以其外之也。'"

【译文】

你来信道："真正的知识是能够指导实践的，而不实践就不足以称为认识。向学者指出切实的方法，让学者们务必躬身实行，这样说是可以的。但是如果真的把实践当作认识，恐怕人们只会专门追求存养本心，而遗漏了万物之理，也肯定会有偏颇不通的地方，难道这是圣学关于知行并举的方法吗？"

认知确切之后付诸行动就是实践，实践之后明确地体察就是认识。知行的功夫本来不能分离，只是后世学者要把它们分开作为两部分来用功，反而丢失了知行的本体，所以之后才会有知行并举的说法。真识是能够指导实践的，不实践就不足以称为认识。像你的来信中所说"知食乃食"等，已经能够明白了，前面也已经大略说过了。这虽然是因为拯救时弊才说出来的，但知行的本体就是这样的，并不是我为了追求一时的效用，而按照自己有所褒贬的意思提出来的。

"专门追求存养本心，便抛弃了万物之理"，大概这是失去本心的一种表现。万物之理并不存在于心外，在心外探求万物之理，就是没有万物之理；遗漏万物之理而追求存养自己的本心，那么本心又是何物呢？心的本体就是性，性即是理。所以拥有孝心就有孝顺父母的道理，没有孝心也不存在孝顺父母的道理了；有忠心就有侍奉君王的道理，没有忠心也就没有侍奉君王的道理了。理难道是在我们的本心之外吗？朱熹先生说"人之所以为学者，心与理而已，心虽主乎一身而实管乎天下之理，理虽散在万事而实不外乎一人之心"，像他这样把心和理先分开之后再结合起来，未免就会产生让学者们把心与理分开看待的弊端。后人有"专求本心，遂遗物理"的忧患，就是因为他们不明白心就是理。在心外寻求万物之理，实际上是告子的"义外"观点，会有偏颇不通的地方，孟子也因此批判告子不懂得义。心，唯有一个，就它对所有人的恻隐而言就是"仁"，就它的合理而言就是"义"，就它的条理清晰而言就是"理"。不能在心外求仁，也不能在心外求义，难道就独独可以在心外求理吗？在心外求理，是把知行当作两件事了。在我们的心里寻求理，这才是圣学知行合一的教诲，你还有什么可以怀疑的呢？

2.

【原文】

来书云："所释《大学》古本，谓致其本体之知，此固孟子尽心之旨。朱子亦以虚灵知觉为此心之量[①]。然尽心由于知性，致知在于格物。"

"尽心由于知性，致知在于格物"，此语然矣。然而推本吾子之意，则其所以为是语者，尚有未明也。朱子以"尽心、知性、知天"为物格、知致。以"存心、养性、事天"为诚意、正心、修身，以"夭寿不贰，修身以俟"为知至、仁尽，圣人之事。若鄙人之见，则与朱子正相反矣。未"尽心、知性、知天"者，生知安行，圣人之事也；"存心、养性、事天"者，学知利行，贤人之事也；"夭寿不贰，修身以俟"者，困知勉行，学者之事也。岂可专以"尽心知性"为知，"存心养性"为行乎？吾子骤闻此言，必又以为大骇矣。然其间实无可疑者，一为吾子言之。

夫心之体，性也；性之原，天也。能尽其心，是能尽其性矣。《中庸》云："惟天下至诚。为能尽其性。"又云："知天地之化育，质诸鬼神而无疑，知天也。"此惟圣人而后能然。故曰：此"此生知安行"，圣人之事也。存其心者，未能尽其心者也，故须加存之之功；必存之既久，不待于存而自无不存，然后可以进而言尽。盖"知天"之"知"，如"知州""知县"之知。知州则一州之事皆己事也，知县则一县之事皆己事也，是与天为一者也。"事天"则如子之事父，臣之事君，犹与天为二也。天之所以命于我者，心也，性也，吾但存之而不敢失，养之而不敢害，如"父母全而生之，子全而归之"[②]者也。故曰：此"学知利行"，贤人之事也。至于"夭寿不贰"，则与存其心者又有间矣。存其心者虽未能尽其心，固已一心于为善，时有不存则存之而已。今使之"夭寿不贰"，是犹以夭寿贰其心者也。犹以夭寿贰其心，是其为善之心犹未能一也，存之尚有所未可，而何尽之可云乎？今且使之不以夭寿贰其为善之心，若曰死生夭寿皆有定命，吾但一心于为善，修吾之身以俟天命而已，是其平日尚未知有天命也。事天虽与天为二，然已真知天命之所在，但惟恭敬奉承之而已耳。若俟之云者，则尚未能真知天命之所在，犹有所俟者也，故曰：所以立命。立者"创立"之"立"，如"立德""立言""立功""立名"之类[③]。凡言"立"者，皆是昔未尝有而本始建立之谓，孔子所谓"不知命，无以为君子"者也。故曰：此"困知勉行"，学者之事也。

今以"尽心、知性、知天"为格物致知，使初学之士尚未能不贰其心者，而遽责之以圣人之生知安行之事，如捕风捉影，茫然莫知所措其心，几何而不至于"率天下而路[④]"也？今世致知格物之弊，亦居然可见矣。吾子所谓"务外遗内，博而寡要"者，无乃亦是过欤？此学问最紧要处，于此而差，将无往而不差矣。此鄙人之所以冒天下之非笑，忘其身之陷于罪戮，呶呶其言，其不容己者也。

【注释】

①"朱子"句：语出《中庸章句序》："心之虚灵知觉，一而已。"

②父母全而生之，子全而归之：语出《礼记·祭仪》："父母全而生之，子全而归之，可谓孝。"意为父母把子女完好地生下来，子女要好好地保全身体发肤，等到死时完完整整地归还给父母，这才是孝。

③"立德"句：语出《左传·襄公二十四年》。讲做人的几种境界。

④率天下而路：语出《孟子·滕文公上》："且一人之身，而百工之所为备。如必自为而后用之，是率天下而路也。"意为对一个人来说，各种工匠的产品都是不可缺少的，如果每件东西都要自己制造出来才能用，这是率领天下的人疲于奔命。

【译文】

你来信说："先生注释的《大学》旧本提到对心的本体的认识是致知，孟子'尽心'的宗旨与此时相同。而朱熹先生也用虚灵知觉当作心的本体。但是因为认识的天性才会尽心，致知要依靠格物。"

"尽心由于知性，致知在于格物"，这话是正确的。但是我看你说这话，大概是因为还有不明白的地方。朱熹先生把"尽心、知性、知天"当作是格物、致知，把"存心、养性、事天"当作是诚意、正心、修身，而把"夭寿不贰，修身以俟"当作认识的最高境界、仁爱的顶峰，是圣人做的事。但在我看来，与朱子的正好相反了。"尽心、知性、知天"，即所谓的天生就知道，天生就能够实践，是圣人才能够做得到的；而"存心、养性、事天"，学习就能够知道，并且顺利实践，是贤人能够做到的事；"夭寿不贰，修身以俟"，获得知识很艰难，实践起来也很勉强，便是学者们的事。怎么能简单地把"尽心知性"当作知，而把"存心养性"当作行呢？你听到我这话，一定又会为此非常惊奇了。然而这实在是没有什么可以怀疑的，我一一给你解释。

心的本体就是性，性的本原就是天。能尽其心，就是能够尽其天性。《中庸》中说："只有天下最真诚的人，才能够充分发挥他的天性。"又说："知道万物的生化孕育，崇拜鬼神，而没有产生疑问，这是知天。"只有圣人才能做到这些，所以说：圣人才能做到天生就知道实践。存养本心，说明还不能够做到尽心，还必须加上个存养的功夫；存养心性很久之后，到了不需要特地去存养而时刻都在存养的境界，才能进一步到达尽心的境界。"知天"中的"知"，就像"知州""知府"中的"知"意思一样，知州、知县把管理一州、一县当作自己的事情，"知天"就是与天合二为一。"事天"则像儿子孝顺父亲，大臣侍奉君王，还没有达到与天合二为一的地步。上天给予我们的，是心、是性，我们只需存起它而不丢失，修养它不损害，就像"父母全而生之，子全而归之"一样。所以我说：这种"学知利行"，是贤人做的事。至于"夭寿不贰"，则和存养本心的人又还有些差距。存养本心的人虽然没有尽心，但本来就已经是一心为善，失去了本心的时候再存养它就行了。现今要求人不论夭寿始终如一，这依然是将夭寿一分为二。仍旧将夭寿一分为二，因为寿命的长短而分心，是因为他为善之心还不能始终如一，尚且不可能存养它，尽心更从何说起呢？现在暂且让人们不再因为生命的长短而改变向善的心，好比说生死夭寿都有定数，我们只需一心向善，修养我的身心来等待天命的安排，主要是因为他平日还不知道有天命呢。事天虽然是将天与人分而为二，但已经知道恭恭敬敬地去承受天命了。那些等待天命降临的人，是还没有真正认识到天命存在于何处，仍旧只是在等待天命，所以孟子说："所以立命。""立"，即"创立"的"立"，就像"立德""立言""立功""立名"中的"立"。凡是说到"立"，都是指以前从未有过而如今开始建立的意思，也就是孔子所说"不知命，无以为君子"的人。所以说：这种"困知勉行"，属于学者的事情。

现在把"尽心、知性、知天"当作格物、致知，当初学者尚不能做到一心一意时，就指责他不能像圣人那样天生就认识和实践，这简直就像捕风捉影一样，让人摸不着头脑，怎么能避免"率天下而路"的后果呢？如今世上格物、致知的弊病已经明显可见了。你说注重外在的学习，而忽略掉内心的存养，博学但又没有学到要领，这不也是它的弊病之一吗？在做学问最关键的地方出了差错，就会无处不出差错了。这也是我之所以冒着天下人的否定、嘲笑，不顾身陷罗网，仍喋喋不休的原因。

3.

【原文】

来书云："闻语学者，乃谓'即物穷理①之说亦是玩物丧志'，又取其'厌繁就约''涵养本原'数说标示学者，指为晚年定论②，此亦恐非。"

朱子所谓格物云者，在即物而穷其理也。即物穷理，是就事事物物上求其所谓定理者也，是以吾心而求理于事事物物之中，析心与理为二矣。夫求理于事事物物者，如求孝之理于其亲之谓也。求孝之理于其亲，则孝之理其果在于吾之心邪？抑果在于亲之身邪？假而果在于亲之身，则亲没之后，吾心遂无孝之理欤？见孺子之入井，必有恻隐之理，是恻隐之理果在于孺子身欤？抑在于吾心之良知欤？其或不可以从之于井欤？其或可以手而援之欤？是皆所谓理也。是果在于孺子之身欤？抑果出于吾心之良知欤？以是例之，万事万物之理莫不皆然，是可以知析心与理为二之非矣。夫析心与理而为二，此告子义外之说，孟子之所深辟也。"务外遗内，博而寡要"，吾子既已知之矣，是果何谓而然哉？谓之玩物丧志，尚犹以为不可欤？

若鄙人所谓致知格物者，致吾心之良知于事事物物也。吾心之良知即所谓天理也，致吾心良知之天理于事事物物，则事事物物皆得其理矣。致吾心之良知者，致知也。事事物物皆得其理者，格物也。是合心与理而为一者也。合心与理而为一，则凡区区前之所云，与朱子晚年之论，皆可以不言而喻矣。

【注释】

①即物穷理：意为通过接触事物来研究事物的道理。语出朱熹《大学章句》："所谓致知在格物者，言欲致吾之知，在即物而穷其理也。"

②晚年定论：王阳明作《朱子晚年定论》，收录了朱熹一些包含"厌繁就约""涵养本原"等论点的书信，认为朱熹晚年改变了观点，与陆九渊的观点接近。此说遭到后世非议。

【译文】

你来信说："听说您教导学生'即物穷理的学说也是玩物丧志'，还拿了朱熹晚年一些关于'厌繁就约''涵养本原'等学说的书信给学生参看，我认为这可能有些不对。"

朱熹所说的格物，是指在事物上穷究万物之理。即用心在万事万物上探求到它们所谓的原本的理，这样就将心和理分而为二了。在万事万物上探求道理，就和在父母身上寻求孝敬是一个道理。在父母的身上寻求孝敬的道理，那么这个孝敬的道理到底是在父母的身上，还是在我们的心中呢？如果是在父母身上，那么当父母逝世之后，我们心中就没有孝敬的道理了吗？遇见小孩子掉到水井里，肯定会产生恻隐之心，那么恻隐的道理是在孩子身上还是在我们自己内心的良知上呢？或许不能跟着孩子跳入井中，或许可以伸手援救小孩，这都是所谓的理。以此类推，万事万物的道理无一不是如此，由此就能够知道将心与理分而为二是错误的了。把心与理分而为二，就是孟子曾深刻批判过的告子的"义外"学说了。"只注重外在学习而忽略内心的存养，学问广博而不得要领"，既然你已经知道这不对，那为何还要这样说呢？我说它是玩物丧志，你还认为不正确吗？

像我所说的格物致知，是将我们心里的良知应用到万事万物上去。我们心中的良知就是天理，把我们心中的良知应用到万事万物上，万事万物就都能得到天理了。求得我们内心中的良知就是致知的功夫。而万事万物都得到天理便是格物的功夫。这才是把心与理合二为一。把心与理合二为一，那么我前面所说的，还有我对于朱熹先生晚年学说的说法，便都能够不言而喻了。

4.

【原文】

来书云："教人以致知、明德，而戒其即物穷理，试使昏暗之士深居端坐，不闻教告，遂能至于知致而德明乎？纵令静而有觉，稍悟本性，则亦定慧无用之见，果能知古今、达事变，而致用于天下国家之实否乎？其曰：'知者意之体，物者意之用''格物如格君心之非之格'。语虽超悟独得，不蹈陈见，抑恐于道未相吻合？"

区区论致知格物，正所以穷理，未尝戒人穷理，使之深居端坐而一无所事也。若谓即物穷理，如前所云务外而遗内者，则有所不可耳。昏暗之士，果能随事随物精察此心之天理，以致其本然之良知，则"虽愚必明，虽柔必强"。大本立而达道行，九经①之属可一以贯之而无遗矣，尚何患其无致用之实乎？彼顽空虚静之徒，正惟不能随事随物精察此心之天理，以致其本然之良知，而遗弃伦理，寂灭虚无以为常，是以"要之不可以治家国天下"。孰谓圣人穷理尽性之学，而亦有是弊哉？

心者，身之主也，而心之虚灵明觉，即所谓本然之良知也。其虚灵明觉之良知应感而动者，谓之意。有知而后有意，无知则无意矣。知非意之体乎？意之所用必有其物，物即事也。如意用于事亲，既事亲为一物；意用于治民，即治民为一物；意用于读书，即读书为一物；意用于听讼，即听讼为一物。凡意之所用，无有无物者。有是意即有是物，无是意即无是物矣，物非意之用乎？

"格"字之义，有以"至"字训者，如"格于文祖"②"有苗来格"③，是以"至"训得也。然"格于文祖"，必纯孝诚敬，幽明之间无一不得其理，而后谓之"格"。有苗之顽，实以文德诞敷而后"格"，则亦兼有"正"字之义在其间，未可专以"至"字尽之也。如"格其非心""大臣格君心之非"之类，是则一皆"正其不正以归于正"之义，而不可以"至"字为训矣。且《大学》"格物"之训，又安知其不以"正"字为训，而必以"至"字为义乎？如以"至"字为义者，必曰"穷至事物之理"，而后其说始通。是其用功之要全在一"穷"字，用力之地全在一"理"字也。若上去一"穷"、下去一"理"字，而直曰"致知在至物"，其可通乎？夫"穷理尽性"，圣人之成训，见于《系辞》者也。苟格物之说而果即穷理之义，则圣人何不直曰"致知在穷理"，而必为此转折不完之语，以启后世之弊邪？

盖《大学》"格物"之说，自与《系辞》"穷理"大旨虽同，而微有分辨。穷理者，兼格、致、诚、正而为功也。故言穷理则格、致、诚、正之功皆在其中，言格物则必兼举致知、诚意、正心，而后其功始备而密。今偏举格物而遂谓之穷理，此所以专以穷理属知，而谓格物未常有行，非惟不得格物之旨，并穷理之义而失之矣。此后世之学所以析知、行为先后两截，日以支离决裂，而圣学益以残晦者，其端实始于此。吾子盖亦未免承沿积习，见则以为于道未相吻合，不为过矣。

【注释】

①九经：语出《中庸》："凡为天下国家有九经，曰：修身也，尊贤也，亲亲也，敬大臣也，体群臣也，子庶民也，来百工也，柔远人也，怀诸侯也。"

②格于文祖：语出《尚书·舜典》："归，格于艺典。"注曰："归，告至文祖之庙，艺，文也。"格，至、到。文祖，尧的庙。

③有苗来格：意为有苗族人到来。语出《尚书·大禹谟》："七旬，有苗格。"

【译文】

你来信道："先生教人致知、明德，却又阻止他们即物就理，从事物上寻求天理。假若让懵懂昏沉的人深居端坐，不听教导和劝诫，就能够达到有知识，德行清明的境界吗？纵然他们静坐时有所觉悟，对本性稍有领悟，那也是定慧之类的佛家的无用见识，难道果真可以通晓古今、通达事变，对治理国家有实际作用吗？你说，'知者意之体，物者意之用''格物如格君心之非之格'。这些话虽然显得高超而独到，不局限于陈见，但恐怕和圣道不大吻合吧？"

我所讲的格物致知，正是为了穷尽事物，我未曾禁止人们穷尽事理，让他们深居静坐，无所事事。如果把即物穷理讲成是前面所说的重视外在知识，忽略内心修养，那也是错误的。糊涂的人，如果能够在万物之上精察心中的天理，发现原有的良知，那么"即使愚蠢也定能变得聪明，即使柔弱也定能变得刚强"。最后就能够行达道、立大本，九经之类的书也能一以贯之没有遗漏，难道还需担心他会没有经世致用的实际才干吗？那些只谈空虚寂静的佛、道弟子，恰恰不能在万事万物上精察心中的天理，发现其心中本有的良知，以致抛弃人间伦常，把寂灭虚无当作正常现象，所以他们才不能够齐家、治国、平天下。谁说圣人穷理尽性的学说也会有这样的弊病呢？

身体的主宰是心，心的虚灵明觉就是人原本的良知。虚灵明觉的良知因感应发生作用，就是意念。有识即是有意，无识即无意。怎么能说认识不是意念的本体？意念的运用，一定会有相应的东西，就是事。如果意念在侍奉双亲上起作用，那么，侍奉双亲便是一件事；意念在治理百姓上起作用，治理百姓便是一件事；意念在读书上起作用，那么读书就是一件事；意念在听讼上起作用，听讼也就是一件事。只要是意念起作用的地方，就有事物存在。有这个意就有这个物，没有这个意也就没有这个物，事物难道不是意念的运用吗？

"格"的含义，有用"至"字来训释的，如"格于文祖""有苗来格"里的"格"，都是按"至"来解释的。然而"格于文祖"，必定诚心诚意地纯然至孝，对于人间的道理都无一不晓，之后才能叫作"格"。苗人十分顽固，只有通过礼乐把他们教化之后才能"格"，所以这个"格"也有"正"的意思，仅仅用"至"字不能够完全解释它的含义。如"格其非心""大臣格君心之非"中的"格"，都是"纠正不正以达到正"的意思，不能用"至"字来训释。那么《大学》中"格物"的解释，怎么知道它不是用"正"字而须用"至"字来解释呢？如果用"至"字来训释，就必须用"穷至事物之理"才说得通。用功的要领全在一个"穷"字，用功的对象全在一个"理"字上。如果在前面把"穷"字去掉，后面把"理"字去掉，而直接说成"致知在至物"，这说得通吗？"穷理尽性"是圣人既定的教诲，在《易经·系辞》里已经有了记载。如果格物的含义真的就是穷理，那么圣人为什么不直接说"致知在穷理"，却一定要让语意有了转折且不完整，说这种话，造成后世的弊病呢？

《大学》里的"格物"和《易经·系辞》里的"穷理"，意思只有一些细微的区别，含义基本上是一样的。穷理里包括格物、致知、诚意、正心等功夫。所以谈到穷理，格物、致知、诚意、正心等功夫就已经都包含在其中了。谈到格物，就必然有致知、诚意、正心，这样，格物的功夫才能够是完整严密的。现在说到格物便说成是穷理，就只是把穷理当作了一种认识，而不认为格物里还包括实践。这样，不但没有把握格物的宗旨，就连穷理的本义也一并丢掉了。这就是后世的学者们把认识、实践分而为二，并且让它日益支离破碎，圣学日渐残缺晦涩的原因所在。你承袭旧来的观点也在所难免，而觉得我的学说与圣道不符，这也不算什么。

5.

【原文】

来书云："道之大端易于明白，所谓'良知良能，愚夫愚妇可与及者'[①]。至于节目时变之详，毫厘千里之谬，必待学而后知。今语孝于温凊定省，孰不知之？至于舜之不告而娶，武之不葬而兴师，养志、养口[②]，小杖、大杖[③]、割股[④]、庐墓[⑤]等事，处常处变、过与不及之间，必须讨论是非，以为制事之本。然后心体无蔽，临事无失。"

"道之大端易于明白"，此语诚然。顾后之学者忽其易于明白者而弗由，而求其难于明白者以为学，此其所以"道在迩而求诸远，事在易而求诸难"[⑥]也。孟子云：

"夫道若大路然，岂难知哉？人病不由耳。"良知良能，愚夫愚妇与圣人同。但惟圣人能致其良知，而愚夫愚妇不能致，此圣愚之所由分也。

"节目时变"，圣人夫岂不知，但不专以此为学。而其所谓学者，正惟致其良知，以精审此心之天理，而与后世之学不同耳。吾子未暇良知之致，而汲汲焉顾是之忧，此正求其难于明白者以为学之蔽也。夫良知之于节目时变，犹规矩尺度之于方圆长短也。节目时变之不可预定，犹方圆长短之不可胜穷也。故规矩诚立，则不可欺以方圆，而天下之方圆不可胜用矣；尺度诚陈，则不可欺以长短，而天下之长短不可胜用矣；良知诚致，则不可欺以节目时变，而天下之节目时变不可胜应矣。毫厘千里之谬，不于吾心良知一念之微而察之，亦将何所用其学乎？是不以规矩而欲定天下之方圆，不以尺度而欲尽天下之长短。吾见其乖张谬戾，日劳而无成也已。

吾子谓"语孝于温清定省，孰不知之"，然而能致其知者鲜矣。若谓粗知温清定省之仪节，而遂谓之能致其知，则凡知君之当仁者，皆可谓之能致其仁之知；知臣之当忠者，皆可谓之能致其忠之知，则天下孰非致知者邪？以是而言可以知，"致知"之必在于行，而不行之不可以为"致知"也，明矣。知行合一之体，不益较然矣乎？

夫舜之不告而娶，岂舜之前已有不告而娶者为之准则，故舜得以考之何典、问诸何人而为此邪？抑亦求诸其心一念之良知，权轻重之宜，不得已而为此邪？武之不葬而兴师，岂武之前已有不葬而兴师者为之准则，故武得以考之何典、问诸何人，而为此邪？抑示求诸其心，念之良知，权轻重之宜，不得已而为此邪？使舜之心而非诚于为无后[7]，武之心而非诚于为救民，则其不告而娶与不葬而兴师，乃不忠不孝之大者。而后之人不务致其良知，以精察义理于此心感应酬酢之间，顾欲悬空讨论此等变常之事，执之以为制事之本，以求临事之无失，其亦远矣。其余数端，皆可类推，则古人致知之学从可知矣。

【注释】

①愚夫愚妇可与及者：语出《中庸》："君子之道费而隐。夫妇之愚，可以与知焉；及其至也，虽圣人亦有所不知焉。"

②养志、养口：典出《孟子·离娄上》。

③小杖、大杖：典出《孔子家语·六本》。曾子在瓜地锄草时，锄掉了瓜苗。其父大怒，用大杖将其打昏在地。曾子醒来后，先向父亲请安，又回到屋里弹琴，使父亲知道自己安然无恙。孔子知道后很生气，教育曾子应像大舜侍奉父亲那样，父亲用小杖打时坦然承受，用大杖打时就逃跑，以免自己身体受伤，使父亲背上不义的罪名。

④割股：春秋时期，晋文公重耳流亡时，介子推曾割大腿上的肉给文公吃。后以割股治疗父母之病为至孝。

⑤庐墓：古时，父母亡故后，孝子在墓旁搭建草棚，一般要住三年，以表达对父母的哀思怀念之情。

⑥"道在迩"二句：语出《孟子·离娄上》。

⑦为无后：语出《孟子·离娄上》："不孝有三，无后为大。舜不告而娶，为无后也，君子以为犹告也。"

【译文】

你来信写道："圣道的宗旨很容易明白，就像先生说的'良知良能，愚夫愚妇可与及者'。至于具体的细节，随着时间的变化，往往差之毫厘，谬以千里，这需要学习之后才能明白。谈论孝道就是温清定省这些礼节，现在谁不明白？至于舜不请示父母就娶妻，武王还没有安葬文王便兴师伐纣，曾子养志而曾元养口，小杖承受而大杖逃跑，割股疗亲，为亲人守墓三年等事情，可能正常、可能不正常，这是处于过分与不足之间。必须讨论个是非曲直，作为处事的原则。然后人的心体没有遮蔽，这样临事才能没有过失。"

"圣道的宗旨很容易明白"，这句话是对的。只是后世的学者们往往忽略那些简单明白的道理不去遵循，却去追求那些很难明白的东西，这正是"道在迩而求诸远，事在易而求诸难"。孟子说："圣道像大路一样，难道很难明白吗？人们的毛病在于不去遵循罢了。"愚夫愚妇和圣人是同样拥有良知良能的。只是圣人能够意识并保存自己的良知，而愚夫愚妇则不能，这就是二者的区别。

"节目时变"，圣人对此岂有不知的，只是不一味地在这上面做文章罢了。圣人的学问，与后世所说的学问不同，他只是意识并保存自己的良知，以精确体察心中的天理。你不去保存自己的良知，而是念念不忘这些细节，这正是将那些难于理解的东西当作学问的弊病了。良知对于随着时间变化的具体细节，就像规矩尺度对于方圆长短一样。方圆长短的变化是无穷无尽的，具体细节随时间变化也不能够事先预测。因此，规矩尺度一旦确立，那么方圆长短就能够一目了然了，而天下的方圆长短也就用不完了。确实已经达到了致良知的境界，那么具体细节随时间的变化也就一览无余，天下不断变化的细节就能应付自如了。差之毫厘，谬以千里，不在我们本心的良知的细微处去体察，那你怎么去应用你所学的东西呢？这是不依照规矩尺度想去确定天下的方圆长短。这种狂妄的说法，只会每天徒劳而一无所成。

你说"语孝于温清定省，孰不知之"，然而真正知道的人很少。如果说简单地知道一些温清定省的礼节，便能认为他已经做到了致孝的良知。那么凡是那些知道应当仁爱百姓的国君，都能认为他能够致仁爱的良知；凡是知道应当忠诚的臣子，都能认为他能致忠诚的良知，那么天下哪个不是能够致良知的人呢？由此便明显可见，"致知"必须实践，没有实践便不可以称他能够"致知"。这样知行合一的概念，不是更加清楚了吗？

舜不告知父母而娶妻，难道是在舜之前便已经有了不告而娶的准则，所以舜能够考证某部经典或者询问于某人才这样做的吗？还是他依照心中的良知，权衡利弊轻重，不得已才这样做？周武王没有安葬文王便兴师伐纣，难道是武王之前便已经有了不葬而兴师的准则，所以武王能够考证某部经典或者询问某人才这样做的吗？抑或是他依照自己心中的良知，权衡利弊，不得已才这样做？如果舜并非担心没有后代，武王并非急于拯救百姓，那么，舜不禀报父母而娶妻，武王不葬文王而兴师，便是最大的不孝和不忠。后世的人不努力致其良知，不在处理事情上精细地体察天理，只顾空口谈论这中间时常变化的事物，并执着于此作为处理事情的准则，以求得遇事时没有过失，这也差得太远了。其余几件事也能够以此类推，那么古人致良知的学问就可以明白了。

6.

【原文】

来书云："谓《大学》格物之说，专求本心，犹可牵合。至于六经、四书所载'多闻多见'①'前言往行'②'好古敏求'③'博学审问''温故知新''博学详说'④'好问好察'⑤，是皆明白求于事为之际，资于论说之间者，用功节目固不容紊矣。"

格物之义，前已详悉，牵合之疑，想已不俟复解矣。至于"多闻多见"，乃孔子因子张之务外好高，徒欲以多闻多见为学，而不能求诸其心，以阙疑殆，此其言行所以不免于尤悔，而所谓见闻者，适以资其务外好高而已。盖所以救子张多闻多见之病，而非以是教之为学也。夫子尝曰："盖有不知而作之者，我无是也。"⑥是犹孟子"是非之心人皆有之"之义也。此言正所以明德性之良知，非由于闻见耳。若曰"多闻，择其善者而从之，多见而识之"，则是专求诸见闻之末，而已落在第二义矣，故曰"知之次也"。夫以见闻之知为次，则所谓知之上者果安所指乎？是可以窥圣门致知用力之地矣。夫子谓子贡曰："赐也，汝以予为多学而识之者欤？非也，予一以贯之。"使诚在于多学而识，则夫子胡乃谬为是说以欺子贡者邪？一以贯之，非致其良知而何？《易》曰："君子多识前言往行以畜其德。"夫以畜其德为心，则凡多识前言往行者，孰非畜德之事？此正知行合一之功矣。

"好古敏求"者，好古人之学，而敏求此之心理耳。心即理也，学者学此心也，求者求此心也。孟子云："学问之道无他，求其放心而已矣。"非若后世广记博诵古人之言词以为好古，而汲汲然惟以求功名利达之具于外者也。"博学审问"，前言已尽。"温故知新"，朱子亦以温故属之尊德性矣。德性岂可以外求哉？惟夫知新必由于温故，而温故乃所以知新，则亦可以验知行之非两节矣。"博学而详说之"者，将"以反说约也"。若无反约之云，则"博学详说"者果何事邪？舜之"好问好察"，惟以用中而致其精一于道心耳。道心者，良知之谓也。君子之学，何尝离去事为而废论说？但其从事于事为论说者，要皆知行合一之功，正所以致其本心之良知，而非若世之徒事口耳谈说以为知者，分知行为两事，而果有节目先后之可言也。

【注释】

①多闻多见：意为通过多闻多见增长知识。语出《论语·为政》。

②前言往行：语出《周易·大畜》卦辞："君子以多识前言往行，以畜其德。"意为君子应该多了解古代前贤的言行，以积蓄自己的德性。

③好古敏求：意为喜欢古学而勉力追求。语出《论语·述而》。

④博学详说：语出《孟子·离娄下》："博学而详说之，将以反说约也。"意为广泛地学习并详细地解说，等到融会贯通之后，再回头来简略地叙述其精髓大义。

⑤好问好察：意为喜欢请教别人，并且喜欢体察人们日常生活中的言谈，以便能了解民意。语出《中庸》。

⑥"盖有"二句：语出《论语·述而》："子曰：'盖有不知而作之者，我无是也。多闻，择其善者而从之；多见而识之，知之次也。'"

【译文】

你来信中说："您说《大学》里格物的学说，唯指寻求本心，还勉强说得通。至于六经、四书记载的'多闻多见''前言往行''好古敏求''博学审问''温故知新''博学详说''好问好察'，等等，都是指在处事和辩论之中得到的，用功的内容和次序是不能弄乱和改变的。"

格物的含义，之前我都已经详细地谈过，你仍觉牵强，想必也不需要我再多加解释了。至于"多闻多见"，是孔子针对子张说的。子张好高骛远，只以多闻多见当作学问，而不能认真存养本心，所以心存疑惑，语言和行为里便难免有埋怨和悔恨，而他所谓的见闻，又恰恰滋长了他好高骛远的心性。所以孔子这么说大概是为了纠正他多闻多见的毛病，而并非把多闻多见当作做学问。孔子曾说："盖有不知而作之者，我无是也。"与孟子所说的"是非之心人皆有之"意思差不多。这话正好说明明德行的良知并不是从见闻中来的。孔子所说的"多闻，择其善者而从之，多见而识之"，则是专门从见闻的细枝末节中探求，是第二位的事情罢了，所以他又说"知之次也"。把见闻的知识当作是次要的学问，那么学问之首是指什么呢？从此处，对圣人致知用功的地方我们可以完全窥见了。孔子对子贡说："赐也，汝以予为多学而识之者欤？非也，予一以贯之。"如果果真在于多闻多见，那么孔子为何说这种话来欺骗子贡呢？一以贯之，不是致良知是什么？《易经》中说："君子多识前言往行以畜其德。"以积蓄德性为主，而更多地了解前人言行的人，不也是在做积蓄德性的事吗？这正是知行合一的功夫。

"好古求敏"，就是热衷于古人的学说并且勤奋敏捷地探求心中的理。心即是理，学习就是学习本心，探求就是探求本心。孟子说："学问之道无他，求其放心而已矣。"好古并不是像后世那样，广泛地背诵记忆古人的言辞，心中却念念不忘追求功名利禄等外在的东西。"博学审问"，前面也提及过。"温故知新"，朱熹也把它当作尊德性的范畴。德性难道能从心外求得吗？知新必经由温故，温故才可知新，这又可作为知、行并非两回事的有力证据。"博学而详说之"，是为了再返回至简约，如果不是为了返回至简约，那么"博学详说"到底是什么呢？舜好问好察，仅仅是中正平和地达到至精至纯合乎道心的境界。道心就是良知。君子的学问，什么时候离开过实践、废弃过辩说呢？但是实践和辩说的时候，都要知道知行合一的功夫，这正是致其本心的良知，而不是像后世学者那样只在口耳里空谈便当作认识了，把知行分而为二，才会产生用功有先后区分的说法。

7.

【原文】

孔子云："人而不仁，如礼何？人而不仁，如乐何？"制礼作乐，必具中和之德，声为律而身为度①者，然后可以语此。若夫器数之末，乐工之事，祝史之守。故曾子曰："君子所贵乎道者三，笾豆之事，则有司存也。"②尧"命羲和，钦若昊天，历象日月星辰"，其重在于"敬授人时"也。③舜"在璇玑玉衡"，其重在于"以齐七政"④也。是皆汲汲然以仁民之心而行其养民之政。治历明时之本，固在于此也。羲和历数之学，皋契未必能之也，禹稷未必能之也；"尧舜之知而不遍物"，虽尧舜亦未必能之也。然至于今，循羲和之法而世修之，虽曲知小慧之人，星术浅陋之士，亦能推步占候⑤而无所忒。则是后世曲知小慧之人反贤于禹、稷、尧、舜者邪？

封禅之说，尤为不经，是乃后世佞人谀士所以求媚于其上，倡为夸侈以荡君心而靡国费。盖欺天罔人，无耻之大者，君子之所不道，司马相如之所以见讥于天下后世也。吾子乃以是为儒者所宜学，殆亦未之思邪？

夫圣人之所以为圣者，以其生而知之也。而释《论语》者曰："生而知之者，义理耳。若夫礼乐名物、古今事变，亦必待学而后有以验其行事之实。"夫礼乐名物之类，果有关于作圣之功也，而圣人亦必待学而后能知焉，则是圣人亦不可以谓之生知矣。谓圣人为生知者，专指义理而言，而不以礼乐名物之类。则是礼乐名物之类无关于作圣之功矣。圣人之所以谓之生知者，专指义理而不以礼乐名物之类，则是学而知之者亦惟当学知此义理而已，困而知之者亦惟当困知此义理而已。今学者之学圣人，于圣人之所能知者，未能学而知之，而顾汲汲焉求知圣人之所不能知者以为学，无乃失其所以希圣之方欤？凡此皆就吾子之所惑者而稍为之分释，未及乎拔本塞源⑥之论也。

【注释】

①声为律而身为度：意为大禹是标准的完人，他的声音是音律的标准，身长是尺度的标准。语出《史记·夏本纪》。

②"君子所贵"三句：语出《论语·泰伯》："曾子言曰：'君子所贵乎道者三：动容貌，斯远暴慢矣；正颜色，斯近信矣；出辞气，斯远鄙倍矣。笾豆之事，则有司存。'"笾为竹制器皿，豆为木制器皿，笾豆之事指祭祀礼仪中的具体小事。存，此指掌管、安排。

③"命羲和"四句：意为尧命令羲氏与和氏，恭敬谨慎地遵循上天的意旨行事，观察推算日月星辰的运行情况，目的是制定和颁行历法。语出《尚书·尧典》。

④"在璇玑玉衡"二句：语出《尚书·舜典》："在璇玑玉衡，以

齐七政。"意为舜观测北斗星的运行，以排列七件政事。天璇、天玑、玉衡，北斗七星中的三颗。七政，指日、月、金、木、水、火、土。《尚书·大传》则认为"七政者，谓春、夏、秋、冬、天文、地理、人道"。

⑤推步占候：推算历法，占卜天象。推步，推算天文历法。占候，观察天象变化以测吉凶。

⑥拔本塞源：意为拔除树根，堵塞水源，比喻从根本上破坏。语出《左传·昭公九年》。

【译文】

孔子说："人而不仁，如礼何？人而不仁，如乐何？"制定礼乐，必须具备中和的品德，他的声音能够作为音律、身高可以作为尺度，然后才有能力制定礼乐。至于器具等细节，那是乐工和祝史们的工作。所以曾子说："君子所贵乎道者三，笾豆之事则有司存也。"尧"命羲氏与和氏，遵循天意，观测日明星辰的运行情况"，他的目的在于"敬授人时"；舜"在璇玑玉衡"，他的目的在于"以齐七政"。他们都念念不忘地用仁爱百姓之心推行养育百姓的仁政。制定历法、掌握时令，根本目的还是在于此。羲氏、和氏的历法和数学的学问，皋陶和契不一定能比得上，大禹和后稷也未必能比得上；正如孟子所说"尧、舜之知而不遍物"，即使尧舜也未必全知全能。然而发展到现在，后人世世代代遵循羲氏和氏的方法，即使是一知半解有点小聪明的人、星术浅薄的相士，也能够推算历法、占卜天象，不出差错。难道是一知半解稍有智慧的人倒会比大禹、后稷、尧舜还要贤德吗？

封禅之说，更是荒诞不经，全是后世奸佞、阿谀奉承的小人用这种方法向皇帝献媚，夸大其词，鼓荡君心，浪费国家财物。都是欺天骗人，无耻之极的，君子是不屑谈论的，这也就是司马相如之所以为天下后人所耻笑的原因。而你却以为这是儒生们应该学习的，恐怕也是没有经过深思熟虑吧？

圣人之所以是圣人，全因他们"生而知之"。然而朱熹在解释《论语》时说："'生而知之'者，义理耳。若夫礼乐名物、古今事变，亦必待学而后有以验其行事之实。"礼乐名物等功夫，果真和圣人有关，圣人也须学习之后才能知晓，那么圣人也不能称得上是生而知之了。称圣人生而知之，是专门就义理而言的，并不是指礼乐名物这些东西，礼乐名物这些和成为圣人无关。之所以说圣人是生而知之的，专指义理而并非礼乐名物，学而知之的人，也应该只是学这个义理罢了；困而知之的人，也应该只是在困难中学这个义理罢了。现在的学者学习圣人，对于圣人所知道的不去好好学习，却反过来念念不忘地去学习圣人所不知道的作为学问，这难道不是将成为圣人的方向迷失了吗？我说的这些都是针对你感到困惑的地方稍加解释，还没有在拔去病根、堵塞病源上澄清问题。

8.

【原文】

夫拔本塞源之论不明于天下，则天下之学圣人者，将日繁日难，斯人沦于禽兽夷狄而犹自以为圣人之学。

吾之说虽或暂明于一时，终将冻解于西而冰坚于东，雾释于前而云滃于后，呶呶焉危困以死，而卒无救于天下之分毫也已。

夫圣人之心以天地万物为一体，其视天下之人，无外内远近，凡有血气，皆其昆弟赤子之亲，莫不欲安全而教养之，以遂其万物一体之念。天下之人心，其始亦非有异于圣人也，特其间于有我之私，隔于物欲之蔽，大者以小，通者以塞，人各有心，至有视其父、子、兄、弟如仇雠者。圣人有忧之，是以推其天地万物一体之仁以教天下，使之皆有以克其私、去其蔽，以复其心体之同然。其教之大端，则尧、舜、禹之相授受，所谓"道心惟微，惟精惟一，允执厥中"；而其节目，则舜之命契，所谓"父子有亲，君臣有义，夫妇有别，长幼有序，朋友有信"五者而已。①唐、虞、三代之世，教者惟以此为教，而学者惟以此为学。当是之时，人无异见，家无异习，安此者谓之圣，勉此者谓之贤，而背此者虽其启明如朱②，亦谓之不肖。下至闾井田野，农、工、商、贾之贱，莫不皆有是学，而惟以成其德行为务。何者？无有闻见之杂，记诵之烦，辞章之靡滥，功利之驰逐，而但使孝其亲，弟其长，信其朋友，以复其心体之同然。是盖性分之所固有，而非有假于外者，则人亦孰不能之乎？

学校之中惟以成德为事，而才能之异，或有长于礼乐、长于政教、长于水土播植者，则就其成德，而因使益精其能于学校之中。迨夫举德而任，则使之终身居其职而不易。用之者惟知同心一德，以共安天下之民，视才之称否，而不以崇卑为轻重，劳逸为美恶。效用者亦惟知同心一德，以共安天下之民，苟当其能，则终身处于烦剧而不以为劳，安于卑琐而不以为贱。当是之时，天下之人熙熙暤暤，皆相视如一家之亲。其才质之下者，则安其农、工、商、贾之分，各勤其业以相生相养，而无有乎希高慕外之心。其才能之异，若皋、夔、稷、契者，则出而各效其能。若一家之务，或营其衣食，或通其有无，或备其器用，集谋并力，以求遂其仰事俯育③之愿，惟恐当其事者之或怠而重己之累也。故稷勤其稼而不耻其不知教，视契之善教即己之善教也；夔司其乐而不耻于明礼，视夷之通礼即己之通礼也。盖其心学纯明，而有以全其万物一体之仁，故其精神流贯，志气通达，而无有乎人己之分，物我之间。譬之一人之身，目视、耳听、手持、足行，以济一身之用，目不耻其无聪，而耳之所涉，目必营焉；足不耻其无执，而手之所探，足必前焉。盖其元气充周，血脉条畅，是以痒疴呼吸，感触神应，有不言而喻之妙。此圣人之学所以至易至简，易知易从，学易能而才易成者，正以大端惟在复心体之同然，而知识技能非所与论也。

【注释】

①"舜之命契"六句：语出《孟子·滕文公上》："圣人有忧之，使

契可为司徒，教以人伦：父子有亲，君臣有义，夫妇有别，长幼有序，朋友有信。"

②启明如朱：语出《尚书·尧典》："放齐曰：'胤子朱，启明。'帝曰：'吁，嚚讼，可否？'"

③仰事俯育：语出《孟子·梁惠王上》："是故明君制民之产，必使仰足以事父母，俯足以畜妻子。"

【译文】

拔去病根、堵塞病源的学说没有在天下大白，那么天下人学习圣人，将会一天比一天感到烦琐艰难，最后沦为禽兽夷狄还自以为学的是圣人的学说。我的学说虽然可能暂时让圣道明于一时，但终将是松了西边的冻，冰又在东边冻上了，前面的雾散开了，后面的云又涌了出来，我就是喋喋不休地在危困中将我的学说宣扬至死，对拯救天下也丝毫起不到作用。

圣人的心和天地万物是一体的，他看待天下所有人，没有内外远近的区分，凡是有血有呼吸的都是兄弟儿女般至亲之人，无一不想给他们安全感，并且教养他们，以实现他与天地万物为一体的心愿。天下人的心，起初也不会不同于圣人，只是后来在其间夹杂了为自己的私心，被物欲所蒙蔽，为天下的大心变成了为自己的小心，通达的心被堵塞，人人都各有私心，甚至还有把自己的父亲、儿子、兄弟像仇人一样看待的人。圣人对此深感忧虑，因此推广他的天地万物为一体的仁爱学说来教化世人，使他们都克制私欲、去除物欲的蒙蔽，以恢复他们原本相同的本心。这就是圣人教化的主旨，就是尧、舜、禹三代所沿袭的"道心惟微，惟精惟一，允执厥中"；它的具体内容，就是舜命令契的，所谓"父子有亲，君臣有义，夫妇有别，长幼有序，朋友有信"。唐尧、虞舜与夏、商、周三代，所教所学唯有这些。在那个时候，人人都没有不同的意见，家家都没有不同的习惯，安于这些的就是圣人，通过勉励自己能做到的就是贤人，而违背这些做法的人，即使有丹朱一样的聪明，也会被当作不肖之徒。下至田野市井里从事农、工、商、贾的人，都会纷纷学习这些，而且仅仅把修养德行当作首务。为什么？因为那个时候大家没有庞杂的见闻，没有繁复的记诵，没有泛滥芜杂的诗词章句，不用追逐功名利禄，只是孝敬父母，尊敬兄长，信任朋友，以恢复心体所固有的。这些人性中本来就存在的，而不是需要从外边假借的，哪个人会做不到呢？

学校以培养人的品德为任务。而人的才能有差异，有的人擅长礼乐，有的人擅长政治教化，有的人擅长水利农事，这就需要依据他们所成就的德行，在学校中进一步培养各自的才能。依据德行让他任职，才能让他在自己的职位上终生不会更改。用人者只知同心同德，使天下百姓共同安定，只注重他的才能是否与职位相称，而不因为身份的高低分轻重，不以职业的种类分贵贱。被任用的人也只知道同心同德，让天下百姓安居乐业，如果自己的职位符合自己的才能，那么即使是一生从事繁重的工作也不觉得辛苦，安于卑微琐碎的工作而不会感到低贱。在那个时候，天下人都高高兴兴，互相当作一家人看待。那些才智低下的人，就安于农、工、商、贾的本分，兢兢业业，互相为对方提供生活必需品，也不会有攀比、虚荣的心思。那些有超群才能的人，比如皋陶、夔、后稷、契，便出仕为官，各自发挥自己的才能。整个天下就像一个大家庭，有的人经营衣服、食物，有的人经商互通有无，有的人制造器具，大家团结合作，齐心协力，来完成供养父母、教养子女的意愿，深恐自己在做某一件事时有所怠慢，因而特别重视自己的职责。所以后稷勤于稼穑而不因为自己不知道教化别人感到羞耻，而是把契的善于教化当作是自己的善于教化；夔专于音乐而不因为自己不知道礼仪而感到羞耻，而是把伯夷的通晓礼仪当作自己的通晓礼仪。大概他们的心纯净明亮，具有与天下万物为一体的仁爱之心，所以他们的精神、志气通畅顺达，没有你我的区分，人和物的区别。就像一个人的身体，眼睛看、耳朵听、用手拿、用脚走，都是为了满足自身的需要。眼睛不因自己听不见觉得羞耻，当耳朵听到声音的时候，眼睛一定会辅佐耳朵；脚不会因为不能拿而感到羞耻，当手去拿东西的时候，脚也一定会向前迈。由于人身元气周流，血液畅通，即使是小病和呼吸，感官也能感觉到，并有神奇的反应，其间有不可言喻的神妙。圣人的学问极容易极简单，容易通晓和实践，容易学习容易成才，正是因为它的主旨在于恢复心体所共有的东西，而没有涉及知识技能。

9.

【原文】

　　三代之衰，王道熄而霸术昌；孔孟既没，圣学晦而邪说横。教者不复以此为教，而学者不复以此为学。霸者之徒，窃取先王之近似者，假之于外以内济其私己之欲，天下靡然而宗之，圣人之道遂以芜塞。相仿相效，日求所以富强之说、倾诈之谋、攻伐之计，一切欺天罔人，苟一时之得以猎取声利之术，若管、商、苏、张①之属者，至不可名数。既其久也，斗争劫夺，不胜其祸，斯人沦于禽兽夷狄，而霸术亦有所不能行矣。

　　世之儒者慨然悲伤，搜猎先圣王之典章法制，而掇拾修补于煨烬之余，盖其为心，良亦欲以挽回以先王之道。圣学既远，霸术之传积渍已深，虽在贤知皆不免于习染，其所以讲明修饰，以求宣畅光复于世者，仅足以增霸者之藩篱，而圣学之门墙遂不复可睹。于是乎有训诂之学，而传之以为名；有记诵之学，而言之以为博；有词章之学，而侈之以为丽。若是者纷纷籍籍，群起角立于天下，又不知其几家，万径千蹊，莫知所适，世之学者如入百戏之场，欢谑跳踉、骋奇斗巧、献笑争妍者，四面而竞出，前瞻后盼，应接不遑，而耳目眩瞀，精神恍惑，日夜遨游淹息其间，如病狂丧心之人，莫自知其家业之所归。时君世主亦皆昏迷颠倒于其说，而终身从事于无用之虚文，莫自知其所谓。间有觉其空疏谬妄、支离牵滞，而卓然自奋，欲以见诸行事之实者，极其所抵，亦不过为富强功利五霸②之事业而止。

圣人之学日远日晦，而功利之习愈趋愈下。其间虽尝瞀惑于佛老，而佛老之说卒亦未能有以胜其功利之心；虽又尝折衷于群儒，而群儒之论终亦未能有以破其功利之见。盖至于今，功利之毒沦浃于人之心髓而习以成性也，几千年矣。相矜以知，相轧以势，相争以利，相高以技能，相取以声誉。其出而仕也，理钱谷者则欲兼夫兵刑，典礼乐者又欲与于铨轴③，处郡县则思藩臬④之高，居台谏⑤则望宰执⑥之要。故不能其事则不得以兼其官，不通其说则不可以要其誉。记诵之广，适以长其敖也；知识之多，适以行其恶也；闻见之博，适以肆其辨也；辞章之富，适以饰其伪也。是以皋、夔、稷、契所不能兼之事，而今之初学小生皆欲通其说，究其术。其称名借号未尝不曰"吾欲以共成天下之务"，而其诚心实意之所在，以为不如是则无以济其私而满其欲也。

呜呼！以若是之积染，以若是之心志，而又讲之以若是之学术，宜其闻吾圣人之教，而视之以为赘疣枘凿；则其以良知为未足，而谓圣人之学为无所用，亦其势有所必至矣！

呜呼！士生斯世而尚何以求圣人之学乎？尚何以论圣人之学乎？士生斯世而欲以为学者，不亦劳苦而繁难乎？不亦拘滞而险艰乎？呜呼，可悲也已！所幸天理之在人心，终有所不可泯，而良知之明，万古一日，则其闻吾拔本塞源之论，必有恻然而悲，戚然而痛，愤然而起，沛然若决江河而有所不可御者矣。非夫豪杰之士，无所待而兴起者，吾谁与望乎！

【注释】

①管、商、苏、张：管，即管仲，名夷吾，春秋时人，帮助齐桓公成为春秋第一个霸主。商，即商鞅，公孙氏，名鞅，卫国人，亦称卫鞅。在秦国实行变法，使秦国国力大增。苏，即苏秦，战国时洛阳人，游说六国合纵拒秦，一度身佩六国相印。张，即张仪，战国时魏人，任秦惠王相，以连横之说策动六国与秦交好，分化瓦解六国的团结，以便各个击破。这四人均有杰出的治国才能。

②五霸：春秋时五个称霸的诸侯，指齐桓公、晋文公、宋襄公、秦穆公、楚庄王。一说指齐桓公、晋文公、楚庄王、吴王阖闾、越王勾践。

③铨轴：吏部要职。

④藩臬：指藩司和臬司。藩司，明清时置提刑按察司，主管一省的司法。

⑤台谏：御史台与谏议大夫。

⑥宰执：唐朝时以中书省长官中书令及门下省长官侍中任宰相，为真宰相。其他官任宰相的，则加同中书门下三品、中书门下平章事、参知政事等名，统称为宰执。宋代则以同平章事为宰相，其他如参知政事、左右丞及枢密使、副使则称执政官，合称宰执。

【译文】

自夏、商、周三代之后，王道衰微而霸术昌盛；孔子、孟子死了之后，圣学晦暗而邪说横行。教者、学者不再以圣学为重。施行霸道的人，偷取与先王相似的东西，借助外在的知识来掩盖自己的私欲，天下的人都糊里糊涂地尊崇他们，圣道便被荒废阻塞了。世人相互效仿，整日妄求富国强兵的学说、倾轧诈骗的谋术、攻打讨伐的计策，以及一切欺天罔人，能够在一时之间借以获得功名利禄的手段。像管仲、商鞅、苏秦、张仪一类的人，多得不可计数。长此以往的斗争掠夺，祸害无穷，这些人沦落为夷狄禽兽，就连霸道权术也无法再推行了。

世间的儒士们感慨悲伤，搜寻圣王留下的典章制度，在焚书的灰烬中拾掇修补，他们的用心，是想挽回先王的圣道。然而圣学已经很久远了，霸术的流传已经积淀很深，即使是贤明睿智的人，都不免被霸术所沾染，他们为求得圣学的发扬光大，对圣学做出的讲解修饰，也仅仅能够增强霸道的力量，而圣学则再也寻不到痕迹了。于是解释古书的训诂学，给霸术的虚名传播名誉；记诵圣学的学问，所记言论显示霸术的博学；辞章的学问，语言奢靡华丽为它求得文采。像这样的人纷纷扰扰，竞相争斗，不知有多少。众多的旁门左道，不知何所适从。天下的学者好像进入了百戏同演的剧场，嬉戏跳跃、竞奇斗巧、争妍献笑之人，都从四面八方涌出，令人前瞻后盼，应接不暇，以至于耳聋目眩，精神恍惚，日夜遨游其中，就像是丧心病狂的人，不知道从哪里回到自己的家了。那时君王们也都在这些学问里神迷颠倒，终生致力于无用的虚文，其实根本不知道说了些什么。间或有意识到这类学问的空洞浅薄荒谬虚妄、支离破碎，便想发愤自强，想要用实际行动做些事情的人，全身心地投入，尽他所能，也只不过是为争取富强功利的霸业罢了。

圣人的学说日渐遥远晦暗，追逐功利的习气，却越来越严重。其间虽然曾经有被佛道两家的学说所迷惑的人，但佛道的学说最终也没能战胜世人追逐名利的心；虽然有人曾拿群儒的观点来折中，但是群儒的论说最后也无法攻破人们追逐功利的想法。大概到了今天，追逐功利的流毒已经侵入骨髓，积习成性，有数千年之久了。人们在知识上互相夸耀，在权势上互相倾轧，在利益上互相争夺，在技术上互相攀比，在名声上互相竞争。那些出仕为官的，管理了钱粮便还想兼管军事和司法，管礼乐的人又想占据吏部要职，郡县里做官的人想到省里任主管大官，位居御史台和谏议大夫的官员又眼巴巴地盯着宰相的要职。原本没有某方面的才能便不能任某职，不通晓某方面的学说便不能取得相应的声誉。但是广泛的记忆恰好助长了他们的傲慢无知，知识丰富正好使他们能够行恶，见闻的广博正好使他们肆意诡辩，文采的华丽正好掩饰他们的虚伪。因此，原本皋陶、夔、后稷、契都不能做到的事情，现在却是初学的小孩子都想要通晓它的理论、研究它的方法。他们树立的名义招牌何尝不是"我想成就天下人共同的事业"，然而究其本意，就是用这个做幌子来满足他们的私欲，实现他们的私心。

呜呼！凭着这样的积习熏染，凭着这样的心态，又讲求着这样的学问，所以当他们听到圣人的教化时，自然视之为累赘包袱；他们把良知看作不完美的，而把圣人的学说当作无用的东西，也是势所必然的！

唉！儒生们生在这种世道，怎么去追求圣学呢？怎么去谈论圣学呢？生活在这样的时代而想要成为学者，不也太过劳苦繁重了吗？不也太过困难艰险了吗？唉，可悲呀！所幸的是天理存在于人的内心，终究是不可泯灭的，良知重见光明，终有一日，听了我正本清源的学说的人，一些定会慨叹悲伤，愤然而起，就像决堤的江河一样势不可当。如果没有英雄豪杰，不能期待他们愤然兴起，我还能指望谁呢！

答周道通书

1.

【原文】

来书云："日用工夫只是立志，近来于先生诲言时时体验，愈益明白。然于朋友不能一时相离，若得朋友讲习，则此志才精健阔大，才有生意。若三五日不得朋友相讲，便觉微弱，遇事便会困，亦时会忘。乃今无朋友相讲之日，还只静坐，或看书，或游衍经行，凡寓目措身，悉取以培养此志，颇觉意思和适。然终不如朋友讲聚，精神流动，生意更多也。离群索居之人，当更有何法以处之？"

此段足验道通日用工夫所得。工夫大略亦只是如此用，只要无间断，到得纯熟后，意思又自不同矣。大抵吾人为学，紧要大头脑，只是立志。所谓困、忘之病，亦只是志欠真切。今好色之人，未尝病于困忘，只是一真切耳。自家痛痒，自家须会知得，自家须会搔摩得，既自知得痛痒，自家须不能不搔摩得，佛家谓之"方便法门"。须是自家调停斟酌，他人总难与力，亦更无别法可设也。

你来信中说："平日功夫仅仅是立志，近来时时体察检验先生的教导，更觉得明白了。但是我时时都离不开朋友，如果朋友们互相讲习，我的志向才会精健阔大，充满生机。但是如果有三五天我没有和朋友互相讲习，志向便变得微弱，遇事就会产生困惑，并且时时会忘掉。现在我没有朋友一起讲习的时候，便只是静坐着，或者看书，或者随便走走，举目投足之间，我都是为了培育这个志，觉得心舒意适。然而终究还是不如朋友聚在一起讲习的时候那样精神振奋，更有生机。离群隐居的人，有什么更好的方法来帮助立志呢？"

这段话足以证明你平日里用功时所得到的收获。立志的功夫大概只是这样，只要每天坚持，没有间断，等到功夫纯正熟练后，感觉自然会有所不同。一般来说我们做学问，最关键的只是立志。有困惑、遗忘的毛病，也只是因为志向不够真切。好色的人从来不会有困惑和遗忘的时候，只是因为他好色的欲望更真切罢了。自己的痛痒自己应当会知道，应当会自己搔痒按摩，既然知道了痛痒，自己也就不得不搔痒按摩了，佛教把这叫作"方便法门"。必须自己调整斟酌，别人总是很难帮忙的，也再没有别的方法可以借鉴的了。

2.

【原文】

来书云："上蔡^①常问'天下何思何虑'，伊川云：'有

此理，只是发得太早。'②在学者工夫，固是'必有事焉
而勿忘'，然亦须识得'何思何虑'底气象，一并看为
是。若不识得这气象，便有正与助长之病；若认得'何
思何虑'，而忘'必有事焉'工夫，恐又堕于无也。须是
不滞有，不堕于无。然乎否也？"

　　所论亦相去不远矣，只是契悟未尽。上蔡之问与伊
川之答，亦只是上蔡、伊川之意，与孔子《系辞》原旨
稍有不同。《系》言"何思何虑"，是言所思所虑只是一
个天理，更无别思别虑耳，非谓无思无虑也。故曰："同
归而殊途，一致而百虑，天下何思何虑？"云"殊途"，
云"百虑"，则岂谓"无思无虑"邪？心之本体即是天
理，天理只是一个，更有何可思虑得？天理原自寂然不
动，原自感而遂通。学者用功，虽千思万虑，只是要复
他本来体用而已，不是以私意去安排思索出来。故明道
云："君子之学，莫若廓然而大公，物来而顺应。"若以
私意去安排思索，便是用智自私矣。"何思何虑"正是工
夫，在圣人分上便是自然的，在学者分上便是勉然的。
伊川却是把作效验看了，所以有"发得太早"之说。既
而云"却好用功"，则已自觉其前言之有未尽矣。濂溪主
静之论亦是此意。今道通之言，虽已不为无见，然亦未
免尚有两事也。

【注释】

　　①上蔡：谢良佐（1050—1103），字显道，河南上蔡人，世称上蔡

先生，进士，为程门四大弟子之一。

②"伊川云"句：《河南程氏遗书·上蔡语录》记载谢氏与程颐的对话："二十年往见伊川。伊川曰：'近日事如何？'对曰：'天下何思何虑？'伊川曰："是则是有此理，贤却发得太早。'"

【译文】

来信中曾说："谢良佐先生曾经问'天下何思何虑'，程颐先生说：'有此理，只是发得太早。'从学者的功夫来说，固然是'必有事焉而勿忘'，但也应当明白'何思何虑'的气象，放在一块儿综合起来看才对。若没有看清楚这种气象，就会滋生期望过高与助长的弊病；如果明白了'何思何虑'，但忘'必有事焉'的功夫，恐怕又会掉入虚无的误区里。应该既不为有所牵滞，又不堕入虚无。是这样吗？"

你所说的也差不多正确，只是还没有领悟透彻。谢良佐先生与程颐先生的回答，实际上只是他们两个人的意思，与孔子《系辞传》中的原意本就稍有出入。《系辞传》所讲的"何思何虑"，是指所思虑的只是一个天理，之外再没有别的思虑，而并不是说完全没有什么思虑。所以说"同归而殊途，一致而百虑，天下何思何虑"。说"殊途"，说"百虑"，难道也是"无思无虑"吗？心的本体就是天理，而天理只有一个，此外还有别的什么可以思虑的呢？天理原本是寂静不动的，原本就是自己感应了之后就能通达的。学者用功，即使有百思千虑，也只是恢复他心的本体和作用而已，而并非用自己的私愿能安排思索出来的。所以程颢先生说："君子之学，莫若廓然而大公，物来而顺应。"如果凭着私愿去安排思索，便是在私欲上用才智。"何思何虑"正是做学问的功夫，在圣人是自然而然的，但是在学者就必须勉强才能做到。程颐先生却把它当作下功夫的效果看待了，所以才会有"发得太早"的说法，接着又说"却好用功"，则是他自己觉察到前面所说的话还有欠缺。周敦颐先生主静的观点也是这个意思。现在你的看法，虽然不能说不是你自己的见地，但还是把功夫当两回事来看待了。

3.

【原文】

来书云："凡学者才晓得做工夫，便要识得圣人气象①。盖认得圣人气象，把做准的，乃就实地做工夫去，才不会差，才是作圣工夫。未知是否？"

先认圣人气象，昔人尝有是言矣，然亦欠有头脑，圣人气象自是圣人的，我从何处识认？若不就自己良知上真切体认，如以无星之秤而权轻重，未开之镜而照妍媸，真所谓以小人之腹而度君子之心矣。圣人气象何由认得？自己良知原与圣人一般，若体认得自己良知明白，即圣人气象不在圣人而在我矣。程子尝云："觑著尧，学他行事，无他许多聪明睿智，安能如彼之动容周旋中礼？"②又云："心通于道，然后能辨是非。"③今且说"通于道"在何处？"聪明睿智"从何处出来？

①圣人气象：程颐语，出自《河南程氏遗书》卷二十二："凡看文字，非只是要理会得语言，要识圣人气象。"

②"觑著尧"四句：语出《河南程氏遗书》卷十八。意为看着尧，学习他如何做事，但没有他的聪明睿智，怎么能像他那样一举一动都符合礼仪呢？

③"心通于道"二句：意为只有心与天理相通，然后才能明辨是非。语出《河南程氏遗书》卷五。

【译文】

来信中写道："但凡学者刚刚开始懂得做功夫，就应当认识圣人的气象。大概认识了圣人的气象，把它当作准则，真切实际地去下功夫，才不会有差错出现，才是做圣人的功夫。不知道是不是这样？"

先认识圣人气象，过去的人有这样说过的，然而也是欠缺要领，圣人的气象自然是圣人的，我们从何处能够体认到呢？如果不在自己的良知上真切体认，就像是用没有准星的秤去称轻重，用没有打磨过的铜镜去照美丑。真是所谓的以小人之心度君子之腹了。圣人的气象从何去体认得到呢？自身的良知原本就同圣人是一样，如果把自己的良知体认清楚了，那么圣人的气象就不在圣人身上而在我们自己身上了。程颐先生曾说："看着尧，学他行事，无他许多聪明睿智，安能如彼之动容周旋中礼？"又说："心通于道，然后能辨是非。"现在你姑且说说哪里可以与天理相通？而"聪明睿智"又从哪里得来？

4.

【原文】

来书云："有引程子'人生而静，以上不容说，才说性便已不是性'①。何故不容说？何故不是性？晦庵答云：'不容说者，未有性之可言；不是性者，已不能无气质之杂矣。'二先生之言皆未能晓，每看书至此，辄为一惑，请问。"

"生之谓性"②，"生"字即是"气"字，犹言气即是性也。气即是性，人生而静，以上不容说，才说"气即是性"，即已落在一边，不是性之本原矣。孟子"性善"是从本原上说。然性善之端，须在气上始见得，若无气亦无可见矣。恻隐、羞恶、辞让、是非即是气。程子谓："论性不论气，不备；论气不论性，不明。"亦是为学者各认一边，只得如此说。若见得自性明白时，气即是性，性即是气，原无性气之可分也。

【注释】

①"人生而静"三句：程颢语。出自《河南程氏遗书》卷一。向朱熹问这话的是严时亨。人生而静，语出《礼记·乐记》："人生而静，天之性也；感于物而动，性之欲也。"

②生之谓性：语出《孟子·告子上》："告子曰：'生之谓性。'孟

子曰：'知之谓性也，犹白之谓白与？'曰：'然。'"

【译文】

来信中说："严时亨引用程颐先生的'人生而静，以上不容说，才说性便已不是性'，问朱熹为什么不能说？为什么不是性？朱熹回答说：'不容说者，未有性之可言；不是性者，已不能无气质之杂矣。'两位先生的话我都看不明白，每次看书看到了这里，就会有疑惑，因此向先生请教。"

"生之谓性"，"生"字就是"气"字，也就是说气质就是天性。"气"就是"性"，人生而静，以上是不容说的，才说"气就是性"，性就已经偏向一边了，就已经不再是天性的本原了。孟子的"性善"是从本原上说的。然而人性善的发端必须在气上才能看见，如果没有气也就无处可见。恻隐、羞恶、辞让、是非就是气。程颐先生说："论性不论气，不备；论气不论性，不明。"这也是因为学者们各执一词，只能这样说。如果能很明白地看见自己的天性，那么气就是性，性就是气，原本是没有性和气之区分的。

答陆原静书（一）

1.

【原文】

来书云："下手工夫，觉此心无时宁静，妄心固动也，照心亦动也。心既恒动，则无刻暂停也。"

是有意于求宁静，是以愈不宁静耳。夫妄心则动也，照心非动也。恒照则恒动恒静，天地之所以恒久而不已也。照心固照也，妄心亦照也。"其为物不贰，则其生物不息。"①有刻暂停则息矣，非至诚无息②之学矣。

【注释】

①其为物不贰，则其生物不息：语出《中庸》："天地之道，可一言而尽也，其为物不贰，则其生物不测。"

②至诚无息：语出《中庸》："故至诚无息。不息则久，久则征。"

【译文】

你信中说："着手用功的时候，感觉自己心中没有一刻是宁静的，虚妄的心固然是在活动，澄亮的照心也在活动。既然心是恒久运动的，那么就不会有片刻的停息了。"

因为你是在刻意追求宁静，就更加不宁静了。虚妄的心是活动的，而照心则是不动的。恒照就能恒动恒静，这就是天地万物永久不停歇的原因。照心本来就是明亮的，妄心也是明亮的。"其为物不贰，则其生物不息。"有片刻的暂停就会熄灭，就不是至诚而不停息的学问。

2.

【原文】

来书云："良知亦有起处。"云云。

此或听之未审。良知者心之本体，即前所谓恒照者也。心之本体无起无不起。虽妄念之发，而良知未尝不在，但人不知存，则有时而或放耳。虽昏塞之极，而良知未尝不明，但人不知察，则有时而或蔽耳。虽有时而或放，其体实未尝不在也，存之而已耳。虽有时而或蔽，其体实未尝不明也，察之而已耳。若谓良知亦有起处，则是有时而不在也，非其本体之谓矣。

【译文】

来信中说道："良知也有其发端的地方。"等等。

说这句话也许是因为你听得不仔细。良知是心的本体，也就是前面所讲的"恒照"。心的本体无所谓开端。即使是妄念产生的时候，良知也并非不存在，只是人们没有察觉到良知的存养，所以有时便把良知放弃掉了。即使昏庸闭塞到了极点，他的良知仍旧是明亮的，只是没能体察它，便有时会遭到蒙蔽了。虽然有时放弃了良知，但它的本体依然是存

在的，存养它就行了；虽然有时遭到了蒙蔽，它的本体未曾
会变得不明亮，体察它就行了。如果说良知也有发端的地方，
那么就是认为它有时存在有时不存在，这样，良知就不是心
的本体了。

3.

【原文】

　　来书云："元神、元气、元精①，必各有寄藏发生之
处。又有真阴之精，真阳之气。"云云。

　　夫良知一也，以其妙用而言谓之神，以其流行而言
谓之气，以其凝聚而言谓之精，安可形象方所求哉？真
阴之精，即真阳之气之母；真阳之气，即真阴之精之父。
阴根阳，阳根阴②，亦非有二也。苟吾良知之说明，即凡
若此类，皆可以不言而喻。不然，则如来书所云三关③、
七返④、九还⑤之属，尚有无穷可疑者也。

【注释】

　　①元神、元气、元精：道教名词，合称三元。

　　②阴根阳，阳根阴：语出周敦颐《太极图说》："无极而太极。
太极动而生阳，动极而静。静而生阴，静极复动。一动一静，互为其
根。"

　　③三关：道家以口为天关，手为人关，足为地关，合称三关。《淮
南子·主术》谓耳、目、口为三关。另有说法认为三关为人身的三个穴
位，是炼丹的道路。

④七返：道教以七代火，心属火，降心火于丹田下，养得肾中真气，复返于心田，即为七返之功。一说为七返灵砂，道教所说的仙药，服之可以还魂，因在炼制过程中要经过七次转化，故称七返。

⑤九还：道教以九代金，情属金，摄情归性，养得性光圆明，以还先天真性，即为九还之功。一说为九还丹，道教所说的仙药，服之可以长生不老。炼制过程中丹砂变成水银，经多次变化又成丹砂，故名九还。

【译文】

信中说："元神、元气、元精，必定各有寄托发生的地方。又有所谓的真阴之精，真阳之气。"等等。

良知仅有一个，就它的妙用而言叫作"神"，就它的运行而言叫作"气"，就它的凝聚而言叫作"精"，怎么能够从它的形象、方位上求得呢？真阴之精，是真阳之气的母体；真阳之气，是真阴之精的父体。阴生于阳，阳生于阴，阴阳并非分而为二的两件事。假如我的关于良知的学说昌明了，那么这一类的问题也就都能不言而喻了。否则的话，就会像你信中所说的三关、七返、九还等，还有无穷无尽的疑问。

答陆原静书（二）

1.

【原文】

来书云："周子曰'主静'①，程子曰'动亦定，静亦定'，先生曰'定者，心之本体'，是静定也，决非不睹不闻、无思无为之谓。必常知、常存、常主于理之谓也。夫常知、常存、常主于理，明是动也，已发也，何以谓之静？何以谓之本体？岂是静定也，又有以贯乎心之动静者邪？"

理无动者也。常知、常存、常主于理，即不睹不闻、无思无为之谓也。不睹不闻、无思无为，非槁木死灰之谓也。睹闻思为一于理，而未尝有所睹闻思为，即是动而未尝动也。所谓"动亦定，静亦定"，体用一原者也。

【注释】

①主静：语出周敦颐《太极图说》："五性感动而善恶分，万事出矣。圣人定之以中正仁义而主静。"

【译文】

信中说："周敦颐先生说'主静'，程颐先生说'动亦定，静亦定'，先生说'定者，心之本体'，这个'静'和'定'，并不是说不闻不看、不想不做。是指一定要保持认知、经常存养、保持遵循天理。然而保持认知、经常存养、保持遵循天理，明显是动的，属于已经发动，为何要称它为静呢？为何要说它是心的本体呢？这个静和定难道是贯通于心的动静吗？"

理是静止不动的。保持认知、经常存养、常常遵循天理，即是不看不闻、不想不做的意思。但是不看不闻、不想不做，与槁木死灰是不同的。看、听、想、做与理合而为一，而没有另外的看、听、想、做，这就是动而不动。即程颐先生所说"动亦定，静亦定"，也就是指体用一源。

2.

【原文】

来书云："此心'未发'之体，其在'已发'之前乎？其在'已发'之中而为之主乎？其无前后、内外而浑然一体者乎？今谓心之动静者，其主有事无事而言乎？其主寂然、感通而言乎？其主循理、从欲而言乎？若以循理为静，从欲为动，则于所谓'动中有静，静中有动'①'动极而静，静极而动'②者，不可通矣。若以有事而感通为动，无事而寂然为静，则于所谓'动而无动，静而无静'者，不可通矣。若谓'未发'在'已发'之先，静而生动，是至诚有息也，圣人有复③也，又不可矣。若谓'未发'在'已发'之中，则不知'未发'，'已发'俱当主静乎？抑'未发'为静而'已发'为动乎？抑'未发''已发'俱无动无静乎？俱有动有静乎？幸教。"

"未发之中"即良知也，无前后、内外而浑然一体者也。有事、无事可以言动、静，而良知无分于有事、无事也。寂然、感通可以言动、静，而良知无分于寂然、感通也。动、静者所遇之时，心之本体固无分于动、静也。理无动者也，动即为欲。循理则虽酬酢万变而未尝动也；从欲则虽槁心一念，而未尝静也。"动中有静，静中有动"，又何疑乎？有事而感通固可以言动，然而寂然者未尝有增也；无事而寂然固可以言静，然而感通者未尝有减也。"动而无动，静而无静"，又何疑乎？无前后、内外而浑然一体，则至诚有息之疑不待解矣。"未发"在"已发"之中，而"已发"之中未尝别有"未发"者在；"已发"在"未发"之中，而"未发"之中未尝别有"已发"者存。是未尝无动、静，而不可以动、静分者也。

凡观古人言语，在以意逆志而得其大旨，若必拘滞于文义，则"靡有孑遗"者④，是周果无遗民也。周子"静极而动"之说，苟不善观，亦未免有病。盖其意从"太极动而生阳，静而生阴"说来。太极生生之理，妙用无息，而常体不易。太极之生生即阴阳之生生，就其生生之中，指其妙用无息者而谓之动，谓之阳之生，非谓动而后生阳也；就其生生之中，指其常体不易者而谓之静，谓之阴之生，非谓静而后生阴也。若果静而后生阴，动而后生阳，则是阴阳、动静截然各自为一物矣。阴阳一气也，一气屈伸而为阴阳；动静一理也，一理隐显而为动静。春夏可以为阳为动，而未尝无阴与静也；秋冬可以为阴为静，而未尝无阳与动也。春夏此不息，秋冬此不息，皆可谓之阳，谓之动也。春夏此常体，秋冬此常体，皆可谓之阴，谓之静也。自元、会、运、世⑤、岁、月、日、时以至刻、秒、忽、微，莫不皆然。所谓"动静无端，阴阳无始"，在知道者默而识之，非可以言语穷也。若只牵文泥句，比拟仿像，则所谓"心从《法华》转，非是转《法华》"⑥矣。

【注释】

①动中有静，静中有动：语出《河南程氏遗书》："静中便有动，动中自有静。"

②动极而静，静极而动：语出周敦颐《太极图说》："太极动而生阳，动极而静；静而生阴，静极复动。"

③圣人有复：语出周敦颐《通书》："性焉安焉之谓圣，复焉执焉之谓贤。"

④"以意逆志"三句：语出《孟子·万章上》："故说《诗》者，不以文害辞，不以辞害志，是为得之。如以辞而已矣，《云汉》之诗曰：'周馀黎民，靡有孑遗。'信斯言也，是周无遗民也。"以意逆志，意为用自己的心思去猜测他人的心思。《云汉》，《诗经·大雅》的篇名。

⑤元、会、运、世：一世三十年，一运十二世，一会三十运，一元十二会。

⑥"心从"二句：意为迷者拘泥于《法华经》的文句，悟者则能

支配运用《法华经》的文句。语出《六祖法宝坛经·机缘品》："心迷《法华》转，心悟转《法华》。"

【译文】

来信中说："此心'未发'的本体，具体是在已发之前，还是在已发之中并主宰着已发呢？或者是根本不分前后、内外，而浑然一体？现在所讲的心的动、静，主要是从有事无事来说，还是主要从寂然不动、感应相通上来说呢？抑或是从遵循天理、顺从欲望上来说的？如果将遵循天理当作是静，顺从欲望当作是动，那么那些所谓的'动中有静，静中有动''动极而静，静极而动'，便不能够说得通了。如果把有事而感应相通当作动，无事而寂然不动当作静，那么那些所谓的'动而无动，静而无静'，也不能说得通了。如果说成是未发在已发之前，静而生动，那么，至诚就会有停息，圣人也需要复归本性了，这又说不通了。如果说成是'未发'在'已发'之中，那么不知道是'未发''已发'都主宰'静'还是'未发'主宰静，而'已发'主宰动？抑或是'未发''已发'都是无动无静，有动有静？希望先生您就这些问题有所指教。"

"未发之中"，就是良知罢了，没有前后、内外之分，是浑然一体的。有事、无事可以说成是动或者静，但是良知本身不会有有事或无事的区分。寂然不动、感应相通可以说动或者静，但是良知本身是没有寂然、感通之分。动静是因时而异的。但心的本体，原本就没有动静之分。理是寂然不动的，如果动了便是私欲产生。即使是千变万化，只需遵循天理，也不会动；顺从了私欲，即使心中只有一个念想，也不是静。"动中有静，静中有动"，又有什么可以怀疑的呢？有事而感应相通固然可以称作是动，然而，寂然不动者未曾有什么增加；无事而寂然不动固然可以称作是静，但是感应相通者也不曾减少什么。"动而无动，静而无静"，又有什么可以怀疑的呢？良知没有前后、内外之分，浑然一体，那么"至诚有息"就无须再多加解释了。"未发"在"已发"之中，而"已发"之中，未尝另有一个"未发"存在。"已发"在"未发"之中，而"未发"之中，未尝另有一个"已发"存在。所以这里边未曾没有动、静，只是不能用动、静来区分罢了。

但凡观察古人的言论，需用心去斟酌古人的心思，从而得到他们文章的主旨，假若一定要拘泥停留在字面意义上，那么"靡有孑遗"这样的句子，难道意思就是周朝果真没有遗民了吗？周敦颐先生"静极而动"的学说，如果不善于观察，就未免会有差错。因为他的意思大概是从"太极动而生阳，静而生阴"来说的。太极的生生之理，妙用无穷而永恒不变。太极的生生就是阴阳的生生，在生生之中，就妙用无穷而言就叫作动，就是阳的产生，而并非动之后才有阳产生；在生生之中，就它本体的永恒不变而言就是静，就是阴的产生，也并非是在静之后才产生阴。如果真的是静止之后才产生阴，动之后才产生阳，那么阴阳、动静就是截然分开的不同的事物。阴阳都是气，气的伸缩产生了阴阳；动静是理，理的隐藏显现就产生了动静。春夏是阳、是动，但也照样有阴与静；秋冬可以说是阴与静，但也未尝没有阳与动。春夏秋冬变化无穷，都可以说是阳和动。春夏秋冬的本体永恒不变，都可以称作阴与静。从元、会、运、世、岁、月、日、时以至刻、秒、忽、微，都是这样的。所谓的"动静无端，阴阳无始"，明理的人默默体会就能认识到，言语并不能表达完整。如果只拘泥于字面意义，比拟模仿，就是所谓"心从《法华》转，非是转《法华》"了。

3.

【原文】

来书云："夫子昨以良知为照心。窃谓良知，心之本体也；照心，人所用功，乃戒慎恐惧之心也，犹思也。而遂以戒慎恐惧为良知，何欤？"

能戒慎恐惧者，是良知也。

【译文】

来信说："昨天先生说良知就是照心。但我私下里觉得良知是心的本体；而照心，则是人所下的功夫，就是时时不忘检点、警戒自己的心，和"思"相类似。而先生您却把戒慎恐惧当作是良知，为什么？"

能够让人戒慎恐惧，就是良知。

4.

【原文】

来书云："'质美者明得尽，渣滓便浑化。'①如何谓

'明得尽'？如何而能'便浑化'？"

良知本来自明。气质不美者，渣滓多，障蔽厚，不易开明。质美者，渣滓原少，无多障蔽，略加致知之功，此良知便自莹彻。些少渣滓如汤中浮雪，如何能作障蔽。此本不甚难晓，原静所以致疑于此，想是因一"明"字不明白，亦是稍有欲速之心。向曾面论"明善"之义，"明则诚矣"，非若后儒所谓"明善"之浅也。

【注释】

①"质美者"二句：意为本质美好的人善德尽显，缺点也都融化消失了。程颢语，出自《河南程氏遗书》卷十一。

【译文】

来信中说："'质美者明得尽，渣滓便浑化。'究竟什么叫'明得尽'？要怎么样才能做到'便浑化'呢？"

良知本来就是自然光明的。气质差的人，缺点很多，遮蔽也厚，良知不容易呈现出光明。而气质好的人，身上的缺点少，也没有很多的遮蔽，只需略微增加一点致知的功夫，良知便自然会晶莹透彻。少许的缺点就好像是热水里的一点点浮雪，如何能构成遮蔽？这本来不难理解，你对此会产生疑惑，想必是因为不明白"明"字的意思，其间也有你求速的心思。以前我们曾经当面讨论过"明善"的含义，"明则诚矣"，这并非朱熹解释"明善"时所说的那么肤浅。

【原文】

　　来书云："聪明睿知，果质乎？仁义礼智，果性乎？喜怒哀乐，果情乎？私欲客气，果一物乎？二物乎？古之英才，若子房^①、仲舒^②、叔度^③、孔明、文中、韩、范^④诸公，德业表著，皆良知中所发也，而不得谓之闻道者，果何在乎？苟曰此特生质之美耳，则生知安行者不愈于学知、困勉者乎？愚意窃云，谓诸公见道偏则可，谓全无闻，则恐后儒崇尚记诵训诂之过也。然乎？否乎？"

　　性一而已。仁、义、礼、知，性之性也；聪、明、睿、知，性之质也；喜、怒、哀、乐，性之情也。私欲、客气，性之蔽也。质有清浊，故情有过不及，而蔽有浅深也。私欲、客气，一病两痛，非二物也。张、黄、诸葛及韩、范诸公，皆天质之美，自多暗合道妙，虽未可尽谓之知学，尽谓之闻道，然亦自其有学违道不远者也。使其闻学知道，即伊^⑤、傅^⑥、周、召^⑦矣。若文中子则又不可谓之不知学者，其书虽多出于其徒，亦多有未是处，然其大略则亦居然可见，但今相去辽远，无有的然凭证，不可悬断其所至矣。

　　夫良知即是道。良知之在人心，不但圣贤、虽常人亦无不如此。若无有物欲牵蔽，但循着良知发用流行将去，即无不是道。但在常人多为物欲牵蔽，不能循得良知。如数公者，天质既自清明，自少物欲为之牵蔽，则其良知之发用流行处，自然是多，自然违道不远。学者学循此良知而已。谓之知学，只是知得专在学循良知。数公虽未知专在良知上用功，而或泛滥于多岐，疑迷于影响，是以或离或合而未纯；若知得时，便是圣人矣。后儒尝以数子者尚皆是气质用事，未免于行不著，习不察，此亦未为过论。但后儒之所谓"著察"者，亦是狃于闻见之狭，蔽于沿习之非，而依拟仿像于影响形迹之间，尚非圣门之所谓"著察"者也。则亦安得以己之昏昏，而求人之昭昭也乎？所谓生知安行，"知行"二字亦是就用功上说。若是知行本体即是良知良能，虽在困勉之人，亦皆可谓之生知安行矣。"知行"二字更宜精察。

【注释】

①子房：张良，字子房。汉初三杰之一，曾辅佐刘邦得天下，被封为留侯。

②仲舒：董仲舒，西汉哲学家，今文经学大师，提出"罢黜百家，独尊儒术"的观点，被汉武帝采纳，对后世影响极大。

③叔度：黄宪，字叔度，东汉汝南慎阳（今属河南）人，自幼家贫，德行彪炳当世，有颜回之称，终生不仕。

④韩、范：韩琦，字雅圭，相州安阳（今属河南）人，北宋名臣。范仲淹，字希文，苏州吴县人，宋真宗大中祥符进士，官至枢密副使、参知政事，北宋政治家、文学家。韩琦、范仲淹出将入相，共保北宋太平，世称"韩范"。

⑤伊：伊尹，商初重臣，出身奴隶，辅佐商汤灭夏。

⑥傅：傅说，商王武丁时贤相，传说原为傅岩地方从事建筑的奴隶。

⑦召：召公，文王的儿子。因封地在召，故称召公。与周公共同辅佐成王。

【译文】

来信中说："聪明睿智，真的是人天生的资质吗？仁义礼智，真的是人的本性吗？喜怒哀乐，真的是人原本就有的性情吗？私欲和客气，究竟是一回事，还是两回事？古代的英才，比如张良、董仲舒、黄宪、诸葛亮、王通、韩琦、范仲淹，等等，他们功德卓著，都是由良知生发出来的，后人却不认为他们是通晓圣道的人，这是为何呢？如果说这是因为他们的资质天生便是优良的，那么那些安行圣道的人岂不是还不如那些学知利行、困知勉行的人吗？我自己私下里觉得，认为他们对道的认识不全面还可以，但是如果说他们完全不识圣道，就恐怕是后世儒生崇尚背诵训诂，对他们产生了偏见。这样说对不对呢？"

天性仅有一个而已。仁、义、礼、智，是天性的本质；聪、明、睿、智，是天性的资质；喜、怒、哀、乐，是天性的情感。私欲、客气是天性障碍。本质有清和浊的区分，所以情感会有过分或者不足，而障碍则有深有浅。私欲、客气是一种病的两个痛处，并非两件事情。张良、黄宪、诸葛亮以及韩琦、范仲淹等人，都拥有美好的天资，虽不能说他们完全知晓圣学，完全明白圣道，但他们自然与天道的许多地方都巧妙暗合，他们的学问离圣道已然不远了。假使他们完全闻道知学，便成为伊尹、傅说、周公、召公了。至于文中子王通，也不能说他不知学，虽然他的书大多出自徒弟们的记载，中间也有很多不对的地方，但他学问的大概轮廓还是可以看出来的。只是现在年代相隔很远，没有确切的凭据，不能凭空臆断他的学问究竟到了什么程度。

良知即是道。不论是圣贤还是平常人，良知都自在人心。只要遵循良知并将其发扬流传，去除物欲的牵累蒙蔽，便都是圣道。只是平常人大多为物欲所牵累蒙蔽，不能够遵循良知。就像前面几位先生，他们天质已经是清明的了，自然很少被物欲所牵累蒙蔽，所以他们的良知产生作用的地方自然会多一些，自然离道较近。学者只需学习去遵循良知就行了。所谓"知学"，只是要学习专门用功在遵循良知上。前面几位先生虽然没有学会专门在遵循良知上用功，有的在岔路上徘徊，为别的东西所影响和迷惑，所以他们对道，时离时合，未能达到纯粹；如果他们学会了遵循良知，就是圣人了。后世儒生们曾经认为几位先生成就事业都是仅凭天资，评价他们是"行不著""习不察"，恐怕一点都不会过分。但是后世儒生眼里的"著察"，也是受了狭隘的见闻和旧时习惯的蒙蔽的，只仿拟圣人的影响和事迹，也并不是圣学里所说的"著察"。以自己的昏迷糊涂，如何能使得别人明白呢？所谓生知安行，"知行"二字也是就用功说的。这知行的本体，就是良知良能。即使是困知勉行的人，也可以说他是生知安行的。"知行"这两个字，还值得精心体察。

钱德洪跋

答原静书出，读者皆喜澄善问，师善答，皆得闻所未闻。师曰："原静所问只是知解上转，不得已与之逐节分疏。若信得良知，只在良知上用功，虽千经万典无不吻合，异端典学一勘尽破矣，何必如此节节分解？佛家有'扑人逐块'之喻，见块扑人则得人矣，见块逐块于块奚得哉？"在座诸友闻之，惕然皆有惺悟。此学贵反求，非知解可入也。

【译文】

答陆原静的书信公开之后，读者们都很喜欢陆澄的好提问和先生精彩的回答，都看到了以前从未听说过的东西。先生说："原静的提问，只在认知上纠缠，我不得已替他逐段做出了疏解。如果真的已经懂得了良知，只在良知上下功夫，千万经典都会与此吻合，而异端的典学则会一触尽破，又何必如此节节分解？佛家中有'扑人逐块'的比喻，狗看到石块去扑人，才能咬住人；见到石块便追逐石块，从石头那里能得到什么呢？"在座的朋友们听了，都立马有所醒悟。先生的学问贵在反省，并不是能够从认知上获得的。

答欧阳崇一

1.

【原文】

崇一①来书云:"师云:'德性之良知,非由于闻见,若曰多闻择其善者而从之,多见而识之,则是专求之见闻之末,而已落在第二义。'窃意良知虽不由见闻而有,然学者之知,未尝不由见闻而发。滞于见闻固非,而见闻亦良知之用也。今曰'落在第二义',恐为专以见闻为学者而言,若致其良知而求之见闻,似亦知行合一之功矣。如何?"

良知不由见闻而有,而见闻莫非良知之用。故良知不滞于见闻,而亦不离于见闻。孔子云:"吾有知乎哉?无知也。"②良知之外别无知矣。故致良知是学问大头脑,是圣人教人第一义。今云专求之见闻之末,则是失却头脑,而已落在第二义矣。近时同志中,盖已莫不知有致良知之说,然其工夫尚多鹘突者,正是欠此一问。

大抵学问工夫只要主意头脑是当。若主意头脑专以致良知为事,则凡多闻多见,莫非致良知之功。盖日用之间,见闻酬酢,虽千头万绪,莫非良知之发用流行;除却见闻酬酢,亦无良知可致矣,故只是一事。若曰致其良知而求之见闻，则语意之间未免为二。此与专求之见闻之末者虽稍不同，其为未得精一之旨，则一而已。"多闻，择其善者而从之，多见而识之。"既云"择"，又云"识"，其良知亦未尝不行于其间，但其用意乃专在多闻多见上去择识，则已失却头脑矣。崇一于此等处见得当已分晓，今日之问，正为发明此学，于同志中极有益。但语意未莹，则毫厘千里，亦不容不精察之也。

【注释】

①崇一：欧阳德（1496—1554），字崇一，号南野，江西泰和人，王阳明的弟子，进士，官至礼部尚书。

②"吾有"二句：语出《论语·子罕》："吾有知乎哉？无知也。有鄙夫问于我，空空如也，我叩其两端而竭焉。"

【译文】

欧阳崇一来信说："先生曾说：'德性之良知，非由于闻见，若曰多闻择其善者而从之，多见而识之，则是专求之见闻之术，而已落在第二义。'我自己私下以为，良知虽然不是由见闻生出来的，但是学者的知识，未尝不是由见闻中产生的。局限于见闻的层面固然错误，但是见闻也是良知的作用。您说'落在第二义'，恐怕是对那些专门把见闻当作学问的学者说的，如果是为了致良知而在见闻上探求，似乎也是知行合一的功夫。这样理解怎么样？"

良知不是见闻产生的，但是见闻无一不是良知的运用。

所以良知不会停滞在见闻上，也不会与见闻分离开来。孔子说："吾有知乎哉？无知也。"在良知之外再没有其他的知识了。所以致良知是学问的关键，是圣人教育人的第一要义。现在如果专门在见闻的细枝末节上探求，就是丢弃了关键，寻求的只是次要的东西了。最近大家大概没有不知道致良知的学说了，但是他们的功夫里还有许多糊涂的地方，正好是缺你这一问了。

大致说来，在学问上下功夫首先就需恰当地把握住关键。如果把致良知当作关键，那么多闻多见，也无一不是致良知的功夫。日常生活之中，见闻应酬，虽然千头万绪，也无非是良知的发挥和流传；去掉那些见闻应酬，也就没有良知可以致了，所以这些只是一件事罢了。如果说致良知是从见闻上求得的，那么它的意思就是把致良知和见闻分而为二，当作两回事了。这虽然和专门在见闻的细枝末节上探寻知识有所区别，但也同样没有领会精一的宗旨。"多闻，择其善者而从之，多见而识之"，既然说"择"和"识"，可见良知也在其间产生很大的作用了，但是它的用意还是专门在多闻多见上去选择和认识，就已经失去关键了。你对这个地方已经认识得十分清楚，今天的这个问题，正是为了阐明致良知的学说，对同学有很大的益处。只是语意表达不大清楚，难免会出现差之毫厘、谬以千里的问题，所以不得不精心体察。

2.

【原文】

来书云："师云：'《系》言何思何虑，是言所思所虑只是天理，更无别思别虑耳，非谓无思无虑也。心之本体即是天理，有何可思虑得？学者用功，虽千思万虑，只是要复他本体，不是以私意去安排思索出来。若安排思索，便是自私用智矣。学者之蔽，大率非沉空守寂，则安排思索。'德辛壬之岁着前一病，近又著后一病。但思索亦是良知发用，其与私意安排者何所取别？恐认贼作子，惑而不知也。"

"思曰睿，睿作圣。"① "心之官则思，思则得之。"② 思其可少乎？沉空守寂与安排思索，正是自私用智，其为丧失良知一也。良知是天理之昭明灵觉处，故良知即是天理，思是良知之发用。若是良知发用之思，则所思莫非天理矣。良知发用之思，自然明白简易，良知亦自能知得。若是私意安排之思，自是纷纭劳扰，良知亦自会分别得。盖思之是非邪正，良知无有不自知者。所以认贼作子，正为致知之学不明，不知在良知上体认之耳。

【注释】

①思曰睿，睿作圣：意为思维要深远通达，深远通达就达到了圣人的境界。语出《尚书·洪范》。

②心之官则思，思则得之：语出《孟子·告子上》："心之官则思，

思则得之，不思则不得也。"意为心的功能是思考，思考就能体认天道和人性，不思考则难以认识天理。

【译文】

来信说："先生曾说：'《系辞》中说何思何虑，是指所思所虑只有天理，而没有其他的思虑，并不是说没有什么思虑。心的本体就是天理，有什么能够思虑得到呢？学者下功夫，虽然千思万虑，也只是要恢复他的本体，并非用私意去安排、思索天理。如果安排、思索，就属于自私耍小聪明了。学者的弊病，大概不是陷入空洞枯燥，就是去安排、思索天理。'我在辛巳到壬午期间（明正德十六年到嘉靖元年，即1521—1522）犯过前一个错误，近来又犯了后一个错误。只是，思索也是良知的运用，它和私意安排又有何区别呢？我担心自己认了贼当儿子，受了其间的迷惑还不明白它们的区分呢！"

"思曰睿，睿作圣。""心之官则思，思则得之。"岂能缺少了思考？死守沉寂与安排思索，正是自私耍小聪明，也是丧失了自己心中的良知。良知是天理昭然灵觉之所在，所以良知即是天理，思索是良知的运用。如果是良知运用时的思索，那么思索的就只有天理。良知运用的思索，自然明白简单，良知自然也能够知道。如果是凭私意安排的思索，自然是纷纷扰扰，千头万绪，但良知也自然能够分辨。思索的是非正邪，良知没有不知道的。会出现认贼作子的情况，正是因为还没有弄明白致良知的学问，不知道在良知上体察认知罢了。

3.

【原文】

来书又云："师云：'为学终身只是一事，不论有事无事，只是这一件。若说宁不了事，不可不加培养，却是分为两事也。'窃意觉精力衰弱，不足以终事者，良知也。宁不了事，且加休养，致知也。如何却为两事？若事变之来，有事势不容不了，而精力虽衰，稍鼓舞亦能支持，则持志以帅气可矣①。然言动终无气力，毕事则困惫已甚，不几于暴其气已乎？此其轻重缓急，良知固未尝不知，然或迫于事势，安能顾精力？或困于精力，安能顾事势？如之何则可？"

"宁不了事，不可不加培养"之意，且与初学如此说亦不为无益。但作两事看了，便有病痛在。孟子言"必有事焉"，则君子之学终身只是"集义"一事。义者宜也，心得其宜之谓义。能致良知则心得其宜矣，故"集义"亦只是致良知。君子之酬酢万变，当行则行，当止则止，当生则生，当死则死，斟酌调停，无非是致其良知，以求自慊而已。故"君子素其位而行""思不出其位"。凡谋其力之所不及而强其知之所不能者，皆不得为致良知。而凡"劳其筋骨，饿其体肤，空乏其身，行拂乱其所为，动心忍性以增益其所不能"者，皆所以致其良知也。若云"宁不了事，不可不加培养"者，亦是先有功利之心，计较成败利钝而爱憎取舍于其间，是以将了事自作一事，而培养又别作一事，此便有是内非外之意，便是"自私用智"，便是"义外"，便有"不得于心，勿求于气"之病，便不是致良知以求自慊之功矣。

所云"鼓舞支持，毕事则困惫已甚"，又云"迫于事势，困于精力"，皆是把作两事做了，所以有此。凡学问之功，一则诚，二则伪。凡此皆是致良知之意，欠诚一真切之故。《大学》言："诚其意者，如恶恶臭，如好好色，此之谓自慊。"曾见有恶恶臭、好好色而须鼓舞支持者乎？曾见毕事则困惫已甚者乎？曾有迫于事势困于精力者乎？此可以知其受病之所从来矣。

【注释】

①持志以帅气可矣：语出《孟子·公孙丑上》："夫志，气之帅也；气，体之充也。夫志，至焉；气，次焉。故曰：持其志，无暴其气。"

【译文】

来信又说："先生您曾经说：'为学，终生只是一件事，不管有事没事，也只是这一件事。如果说宁愿做不完事情，也不能不培养良知，就是把致良知和做学问当成两回事了。'我私下以为，当感到精力衰弱，不能完成事情，就是良知。而宁愿不做事，也要修养本心，就是致良知了。怎么就成两回事了呢？如果遇到了事情发生，不能不处理，即使精力衰弱，只需稍加勉励，也是能坚持下来的。由此可知，意志还是统领着气力的。但是，这个时候，言行始终是没有气力的，等事情完成了就会十分疲惫，这和滥用气力不是几乎相当吗？良知固然不会不明白其中的轻重缓急，但是有时为形势所迫，怎么能再顾及得到精力？有时则筋疲力尽，又怎么能顾及得到形势？这究竟怎么办呢？"

"宁可不去处理事情，也不可不去培养本源"，对初学的人这样说，也不无好处。但是把做事情与存养良知分而为二，本身就有毛病。孟子说"必有事焉"，那么"集义"，就成了君子终生做学问要做的唯一一件事了。义，就是宜，心做到它应该做的就是义。能致良知，心便能做到它应该做的事，所以"集义"也只是致良知。君子酬酢万变，当行便行，当止便止，当生便生，当死便死，这样斟酌协调，也无非都是致良知，为了求得自我满足罢了。所以"君子素其位而行""思不出其位"。凡是谋求自己力所不能及的东西，强迫自己懂得自己才智不能懂的事情，都不是致良知。但凡"劳其筋骨，饿其体肤，空乏其身行，拂乱其所为，动心忍性以增益其所不能"的人，都是为了致良知。如果说"宁不了事，不可不加培养"，也是因为先有了一份功利的心思，计较其中的得失成败，从而做出爱憎取舍。因此把做事情当成了一回事，把存养良知又当作另一件事，这样就有了是非内外的区分，就是自私耍小聪明了，就是把义当作外在的东西。于是就有了"不得于心，勿求于气"的弊病，就不再是致良知以求得自己内心满足的功夫了。

你所说的"鼓舞支持，毕事则困惫已甚"，又说"迫于形势，困于精力"，都是把做事情和存养良知当作两件事看了，因此才会有这样的情况出现。凡是做学问的功夫，一心一意就是真诚，三心二意就是虚伪。你所说的情况，都是致良知的心欠缺真诚的缘故。《大学》中说："诚其意者，如恶恶臭，如好好色，此之谓自慊。"你什么时候见过讨厌恶臭、喜欢美色还需要鼓舞支持的？你见过做完这些事情之后会觉得疲惫不堪的吗？何曾会有被时势所逼而精力不够用的人？由此，你就可以知道病根从何而来了。

4.

【原文】

来书又有云："人情机诈百出，御之以不疑，往往为所欺。觉则自入于逆、亿①。夫逆诈，即诈也；亿不信，即非信也；为人欺，又非觉也。不逆不亿而常先觉，其惟良知莹彻乎？然而出入毫忽之间，背觉合诈者多矣。"

不逆不亿而先觉，此孔子因当时人专以逆诈、亿不信为心，而自陷于诈与不信；又有不逆、不亿者，然不知致良知之功，而往往又为人所欺诈，故有是言。非教人以是存心，而专欲先觉人之诈与不信也。以是存心，即是后世猜忌险薄者之事。而只此一念，已不可与入尧舜之道矣。不逆、不亿而为人所欺者，尚亦不失为善，但不如能致其良知，而自然先觉者之尤为贤耳。崇一谓"其惟良知莹彻"者，盖已得其旨矣，然亦颖悟所及，恐未实际也。

盖良知之在人心，亘万古、塞宇宙而无不同。"不虑而知","恒易以知险","不学而能","恒简以知阻","先天而天不违。天且不违，而况于人乎？况于鬼神乎？"②夫谓"背觉合诈"者，是虽不逆人，而或未能无自欺也；虽不亿人，而或未能果自信也。是或常有先觉之心，而未能常自觉也。常有求先觉之心，即已流于逆、亿，而足以自蔽其良知矣。此背觉合诈之所以未免也。

君子学以为己③，未尝虞人之欺己也，恒不自欺其良知而已；未尝虞人之不信己也，恒自信其良知而已；未尝求先觉人之诈与不信也，恒务自觉其良知而已。是故不欺则良知无所伪而诚，"诚则明"矣；自信则良知无所惑而明，"明则诚"矣。明、诚相生，是故良知常觉、常照。常觉、常照则如明镜之悬，而物之来者自不能遁其妍媸矣。何者？不欺而诚，则无所容其欺，苟有欺焉而觉矣；自信而明，则无所容其不信，苟不信焉而觉矣。是谓"易以知险，简以知阻"，子思所谓"至诚如神，可以前知"者也。然子思谓"如神"，谓"可以前知"，犹二而言之，是盖推言思诚者之功效，是犹为不能先觉者说也。若就至诚而言，则至诚之妙用即谓之"神"，不必言"如神"；至诚则无知而无不知，不必言"可以前知"矣。

【注释】

①逆、亿：语出《论语·宪问》："子曰：'不逆诈，不亿不信，抑亦先觉者，是贤乎！'"逆诈，预先怀疑别人欺诈。亿不信，猜想别人

不诚信。

②"先天而天不违"四句：语出《周易·乾卦·文言》："夫大人者……先天而天弗违，后天而奉天时。天且弗违，而况于人乎？况于鬼神乎？"意为掌握了天道的人，在天象出现之前行事，天不会违背他；在天象出现之后行事，则能够遵奉天时。天尚且不违背他，何况人和鬼神呢？

③君子学以为己：语出《论语·宪问》："古之学者为己，今之学者为人。"为己，意思是为了提高自己的修养；为人，意为想获得别人的好感。

【译文】

信中说："人情诡诈无穷，如果用诚信来对待它，往往会被它欺骗。要想觉察人情的诡诈，就会事先猜度别人欺诈自己，就会臆想别人不相信自己。猜度别人会欺诈就是欺诈；臆想别人不相信自己就是不诚信；而被别人欺骗了，又是不觉悟。不怀疑别人的欺诈和不诚信，却能够事先察觉，恐怕只有那些良知晶莹透彻的人才做到。但是其间的差别看起来很小，背离知觉而暗合欺诈的人太多了。"

不事先猜度别人的欺诈和不诚信，而能够事先察觉，孔子在当时的社会中，针砭时弊而说出来的。当时人们专门把欺诈、不诚信当作自己的本心，而自己深陷进欺诈和不诚信的境地。还有不欺诈、诚信的人，他们因为不知道致良知的功夫，而常常被别人欺诈。孔子并非教人们事先存这样的心去发现别人的欺诈和不诚信。专门留心别人，是后世刻薄、猜忌、险恶的人做的事。只要有了这样的念头，就已经和尧舜的圣道相背离了。不事先猜度别人的欺诈和不诚信而被别人欺骗的人，虽然还没有丧失他的善良，但还是不如那些能致其良知的人，先知先觉的人更加贤明。你说只有那些良知晶莹透彻的人才能做到，可知你已经领悟到孔子的宗旨了。但也可以知道你的聪颖所领悟到的，恐怕还没有落实到实践当中。

良知在人心里，横通万古、充塞宇宙，无不相同。正是古人所谓的"不虑而知""恒易以知险""不学而能""恒简以知阻""先天而天不违。天且不违，而况于人乎？况于鬼神乎？"那些"背觉合诈"的人，虽然不猜度别人，但他恐怕不无自欺；虽然不去臆想别人是否诚信，却不能做到自信。他们虽然常常有寻求先觉的心，却不能常常做到自觉。常常希望能够先觉，这样就已陷入了逆诈和不诚信，已足能蒙蔽他的良知了。这正是他不免背离知觉而暗合欺诈的原因。这就是背离合诈不能避免的缘故。

君子学习是为了提高自己的修养，未曾担心别人欺骗自己，只是永远不欺骗自己的良知罢了；未曾担心别人不相信自己，只是永远相信自己的良知罢了；不曾希望可以事先察觉到别人的欺诈和不诚信，只是永远地体察自己的良知罢了。所以，君子不欺骗，良知就没有虚伪而真诚，真诚则良知晶莹明亮了；君子相信自己，良知就没有迷惑而明彻，良心晶莹明亮这就真诚了。明彻和真诚相互促进，所以良知能经常觉悟、经常澄澈。经常觉悟、经常澄澈的良知就像高高悬挂的明镜，万事万物在它面前自然不能隐藏美丑的原形。为什么呢？因为良知不欺诈而诚信，也就不能容忍欺骗，遇到欺骗就能觉察。良知自信明澈，也就不能容忍不诚信，遇到不诚信，马上就能察觉。所谓"易以知险，简以知阻"，子思说"至诚如神，可以前知"。然而子思说的"如神""可以前知"，还是分成两件事来说了。因为他是从推究思诚的功效上来说的，也是对那些不能觉悟的人说的。就至诚而言，至诚的妙用就叫作"神"，不用说"如神"；至诚就能无知而又无所不知，所以不必说"可以前知"了。

答罗整庵[①]少宰书

1.

【原文】

某顿首启：昨承教及《大学》，发舟匆匆，未能奉答。晓来江行稍暇，复取手教而读之。恐至赣后人事复纷沓，先具其略以请。

来教云："见道固难，而体道尤难。道诚未易明，而学诚不可不讲。恐未可安于见而遂以为极则也。"

幸甚幸甚！何以得闻斯言乎？其敢自以为极则而安之乎？正思就天下之道以讲明之耳。而数年以来，闻其说而非笑之者有矣，诟訾之者有矣，置之不足较量辨议之者有矣，其肯遂以教我乎？其肯遂以教我而反复晓喻，恻然惟恐不及救正之乎？然则天下之爱我者，固莫有如执事之心深且至矣，感激当何如哉！夫"德之不修，学之不讲"[②]，孔子以为忧，而世之学者稍能传习训诂，即皆自以为知学，不复有所谓讲学之求，可悲矣！夫道必体而后见，非已见道而后加体道之功也；道必学而后明，非外讲学而复有所谓明道之事也。然世之讲学者有二，有讲之以身心者，有讲之以口耳者。讲之以口耳，揣摸测度，求之影响者也；讲之以身心，行著习察，实有诸己者也。知此，则知孔门之学矣。

【注释】

①罗整庵：罗钦顺（1465—1547），字允升，号整庵，江西泰和人。进士，官至吏部尚书，明代著名理学家，对陆王、程朱均有所批评。少宰，次长，明清时侍郎一职的别称。正德十五年（1520）夏，罗整庵请假住在老家，听说时任江西巡抚的王阳明将溯赣江至赣州，就写了《与王阳明书》，在阳明经过泰和时交给他。此信即是阳明对该信的答复。

②德之不修，学之不讲：意为不修养品德，不讲求学问。语出《论语·述而》："子曰：'德之不修，学之不讲，闻义不能徙，不善不能改，是吾忧也。'"

【译文】

阳明顿首谨启：昨天幸蒙您关于《大学》的教诲，因匆忙上船，未能一一作答。今早我趁着在船上的空闲时间，又把您的信取出来拜读了一遍。我怕到江西之后，各种人事繁杂，纷至沓来，先简略地回复您，请您教正。

您在信中说道："认识圣道固然很难，而体悟圣道则更难了。圣道确实不容易弄明白，但是学问也不能不讲。恐怕不能安于自己已有的见识，把它当作做学问的最高标准吧？"

不胜荣幸！在哪里我还能听到这种教诲呢？我岂敢自以为见识已经达到了顶点而安于自己的见识呢？我正想要借助天下的有学之士来阐明圣道呢。然而多年来，听到我的学说的，嘲笑的有，非议的有，谩骂的有，置之不理、认为不屑一顾的也有，他们岂肯教导我呢？又岂肯为了教导我而反复设喻、心存忧虑恐怕来不能纠正我呢？所以，天下关爱我的人中，原本就没有谁会像您这样执着而深切，我该多么感激您啊！"德之不修，学之不讲"，孔子为此深感忧虑，而后世学者稍微能够传习经文训诂经典，便都以为自己已经懂得了学问，不再讲求探究学问，真是可悲呀！圣道必须体悟后才能认识，而并非认识了圣道之后才下体悟圣道的功夫；圣道必须学习之后才能明白，并非在讲学之外还有明道之事。然而世间讲学的人有两类，一类用身心讲学，还有一类用口耳来讲学。用口耳来讲学的，揣测估摸，讲的是捕风捉影的东西；而用身心讲学的，言与行，学习与观察，都是确确实实求诸自己的良知。明白了这一点，就懂得了孔子的学说。

2.

【原文】

来教谓某"《大学》古本之复，以人之为学但当求之于内，而程、朱格物之说不免求之于外，遂去朱子之分章，而削其所补之传"。

非敢然也。学岂有内外乎？《大学》古本乃孔门相传旧本耳，朱子疑其有所脱误而改正补缉之，在某则谓其本无脱误，悉从其旧而已矣。失在于过信孔子则有之，非故去朱子之分章而削其传也。夫学贵得之心，求之于心而非也，虽其言之出于孔子，不敢以为是也，而况其未及孔子者乎？求之于心而是也，虽其言之出于庸常，不敢以为非也，而况其出于孔子者乎？且旧本之传数千载矣，今读其文词，即明白而可通，论其工夫，又易简而可入。亦何所按据而断其此段之必在于彼，彼段之必在于此，与此之如何而缺，彼之如何而补？而遂改正补缉之？无乃重于背朱而轻于叛孔已乎？

【译文】

你的来信中说我，"《大学》的旧本的恢复，是因为我提倡做学问只需在心内探求，而程朱的格物学说却不免会向心外探求，于是我便废弃了朱熹分章的做法，并且删除了他增补的传注"。

我不敢这样。学习难道还会有内外的区分吗？《大学》古本是孔门流传下来的旧本，朱熹怀疑其中有遗漏和错误的地方，便加以改正补充。而要我说，旧本里本来就没有遗漏和错误的地方，所以尽悉遵从旧本，仅此而已。我的过失在于过分相信孔子，而不是故意去废弃朱熹的分章且删掉他所做的传注。做学问，贵在用心体悟。即使是孔子所说的话，用心体会了，觉得不对，也不敢就把它当作是正确的，更何况对那些不如孔子的人所说的话呢？用心体会后认为正确，那么即使普通人说出来的话，也不敢认为是错误的，更何况是孔子说的话呢？而且《大学》旧本流传了几千年，我如今来阅读它的词语句子，仍觉得明白通顺，而其中的功夫，既简易又可行。又有什么依据能断定这段一定是在这里，那段一定是在那里，这里怎么有了缺漏，那里怎么有了错误，于是对它加以改正增补？这难道不是把背离朱熹看得过重，而把违逆孔子看得过轻了吗？

3.

【原文】

来教谓："如必以学不资于外求，但当反观内省以为务，则'正心''诚意'四字亦何不尽之有？何必于入门之际，便困以'格物'一段工夫也？"

诚然诚然！若语其要，则"修身"二字亦足矣，何必又言"正心"？"正心"二字亦足矣，何必又言"诚意"？"诚意"二字亦足矣，何必又言"致知"，又言"格物"？惟其工夫之详密，而要之只是一事，此所以为"精一"之学，此正不可不思者也。夫理无内外，性无内外，故学无内外。讲习讨论，未尝非内也；反观内省，未尝遗外也。夫谓学必资于外求，是以己性为有外也，是"义外"也，"用智"者也；谓反观内省为求之于内，是以己性为有内也，是"有我"也，"自私"者也，是皆不知性之无内外也。故曰"精义入神以致用也，利用安身，以崇德也"①；"性之德也，合内外之道也"②。此可以知"格物"之学矣。

"格物"者，《大学》之实下手处，彻首彻尾，自始学至圣人，只此工夫而已，非但入门之际有此一段也。夫"正心""诚意""致知""格物"，皆所以"修身"，而

"格物"者，其所用力日可见之地。故"格物"者，格其心之物也，格其意之物也，格其知之物也；"正心"者，正其物之心也；"诚意"者，诚其物之意也；"致知"者，致其物之知也。此岂有内外彼此之分哉？理一而已。以其理之凝聚而言则谓之性，以其凝聚之主宰而言则谓之心，以其主宰之发动而言则谓之意，以其发动之明觉而言则谓之知，以其明觉之感而言则谓之物。故就物而言谓之格，就知而言谓之致，就意而言谓之诚，就心而言谓之正。正者，正此也；诚者，诚此也；致者，致此也；格者，格此也。皆所谓穷理以尽性也。天下无性外之理，无性外之物。学之不明，皆由世之儒者认理为外，认物为外，而不知"义外"之说，孟子盖尝辟之，力至袭陷其内而不觉，岂非亦有似是而难明者欤？不可以不察也。

凡执事所以致疑于"格物"之说者，必谓其是内而非外也；必谓其专事于反观内省之为，而遗弃其讲习讨论之功也；必谓其一意于纲领本原之约，而脱略于支条节目之详也；必谓其沉溺于枯槁虚寂之偏，而不尽于物理人事之变也。审如是，岂但获罪于圣门，获罪于朱子？是邪说诬民，叛道乱正，人得而诛之也，而况于执事之正直哉？审如是，世之稍明训诂、闻先哲之绪论者，皆知其非也，而况执事之高明哉？凡某之所谓"格物"，其于朱子九条③之说，皆包罗统括于其中。但为之有要，作用不同，正所谓毫厘之差耳。然毫厘之差而千里之缪，实起于此，不可不辨。

①"精义入神"四句：语出《周易·系辞下》："精义入神，以致用也。利用安身，以崇德也。"意为精研义理达到神妙的境界，便可以运用；运用所学而安身，可以提高品德修养。

②性之德也，合内外之道也：意为这是天赋的德性，内则成己，外则成物，是综合内外的规律。语出《中庸》："诚者非自成己而已也，所以成物也。成己，仁也；成物，知也。性之德也，合内外之道也，故时措之宜也。"

③朱子九条：朱熹在《大学或问》中提出的关于格物致知功夫的九条方法。

【译文】

您的来信中说："如果觉得学问不需要去心外求得，需要专心致力在自己身上反省体察，那么'正心''诚意'这四个字，还有什么没说尽的呢？何必在入门的时候，便用'格物'的功夫来使人困惑呢？"

很有道理！如果说到学问的关键，"修身"两个字便已经足够了，何必再说"正心"呢？"正心"两个字也已经足够了，何必又说个"诚意"呢？"诚意"两个字也已经足够了，何必又说"致知"和"格物"？之所以会这样，只是因为做学问的功夫详细周密，然而，概括起来也只是一件事，这才是所谓的"精一"的学问，这里正是我们不能不认真思索的地方。天理、人性都没有内外之分，因此学问也不分内外。

讲习讨论，未曾不是内；反观自省，未尝就把外遗弃了。如果以为学问一定要在心外求得，那就是认为人性也有外的部分，就是"义外""用智"；如果认为反观内省是在自己的心内寻求，那就是认为人性还有内的部分了，就是"有我""自私"，这些都是不明白人性是不会有内外之分的。所以说"精研义理到了神妙的境界，便可以运用来安身，来修养品德"；"性之德，合内外之道也"。从这里，就可以知道"格物"的学说了。

"格物"，是《大学》指出的切实的下手的地方，自头至尾，从初学到成为圣人，都只是这个功夫，而不是仅仅在刚入门的阶段有"格物"的功夫。"正心""诚意""致知""格物"，都是用来"修身"的，而"格物"，则是所用的功夫里能看得见的地方。所以"格物"，就是格心中的物，格意念中的物，格见识中的物；"正心"，则是让待物之心得到纠正；"诚意"，就是使待物之心精诚；"致知"，就是得到待物的知识。这难道有内外彼此的区分吗？天理唯有一个，就天理的凝聚而言，叫作性，就天理凝聚的主宰而言，就是心，就天理主宰的发动而言，叫作意，从天理发动时的明澈感悟而言，就是知，从天理的明澈感悟的感应对象而言，便是物。所以从物上来说天理需格，从知上来说天理需致，从意上来说天理需诚，从心上来说，天理需正。正，就是正天理；诚，就是诚天理；致，就是致天理；格，就是格天理，全是所谓的穷尽天理以尽性。天下没有本性之外的理，也没有本性之外的物。圣学不能昌明于天下，都是由于后世儒生把天理与事物当作本性之外的东西，而不知道孟子曾经批判过"义外"的学说，以致重蹈了覆辙而没有觉悟，这里不是也有似是而非、难以弄明白的地方吗？所以不能不体察呀！

总观您之所以对我的格物学说有些怀疑，一定是因为觉得我肯定内心而否定向外寻求；一定是因为我放弃了讲习讨论的功夫，而专心在反观内省上用功；一定认为我执意在简洁的纲领本原上，而忽视了细枝末节的详细内容；一定是认为我沉溺在偏执的枯槁虚寂中，而不能够穷尽物理人事的变化。若果真如此，我怎会仅仅是对圣门、对朱熹先生犯了错误？这是用异端邪说来欺骗百姓，离经叛道，人人都能够得而诛之了，更何况是您这样正直的人呢？若果真如此，世上略懂训诂的人、知道一点先哲学说的人，都会知道我的错误，更何况像您这样高明的人呢？我所讲的"格物"学说，已经将朱熹的九条学说全都统括了。只是我的格物学说有一以贯之的中心，与朱熹先生的九条学说相比，作用不同，正是所谓的毫厘之差。然而差之毫厘，谬以千里，所以不能不辨明。

4.

【原文】

孟子辟杨、墨，至于"无父无君"。二子亦当时之贤者，使与孟子并世而生，未必不以之为贤。墨子"兼爱"，行仁而过耳；杨子"为我"，行义而过耳。此其为说，亦岂灭理乱常之甚而足以眩天下哉？而其流之弊，孟子则比于禽兽、夷狄，所谓以学术杀天下后世也。

今世学术之弊，其谓之学仁而过者乎？谓之学义而过者乎？抑谓之学不仁、不义而过者乎？吾不知其于洪水、猛兽何如也！孟子云："予岂好辨哉？予不得已也。"杨、墨之道塞天下。孟子之时，天下尊信杨、墨，当不下于今日之崇尚朱说。而孟子独以一人呶呶于其间。噫，可哀矣！韩氏云："佛、老之害，甚于杨、墨。"韩愈之贤不及孟子，孟子不能救之于未坏之先，而韩愈乃欲全之于已坏之后，其亦不量其力，且见其身之危，莫之救以死也。呜呼！若某者，其尤不量其力，果见其身之危莫之救以死也矣！夫众方嘻嘻之中，而独出涕嗟若；举世恬然以趋，而独疾首蹙额以为忧。此其非病狂丧心，殆必诚有大苦者隐于其中，而非天下之至仁，其孰能察之？

某为《朱子晚年定论》，盖亦不得已而然。中间年岁早晚，诚有所未考，虽不必尽出于晚年，固多出于晚年者矣。然大意在委曲调停，以明此学为重。平生于朱子之说，如神明蓍龟，一旦与之背驰，心诚有所未忍，故不得已而为此。"知我者，谓我心忧；不知我者，谓我何求？"[①]盖不忍抵牾朱子者，其本心也；不得已而与之抵牾者，道固如是，"不直则道不见"[②]也。执事所谓"决与朱子异"者，仆敢自欺其心哉？夫道，天下之公道也；学，天下之公学也；非朱子可得而私也，非孔子可得而私也。天下之公也，公言之而已矣。故言之而是，虽异于己，乃益于己也；言之而非，虽同于己，适损于己也。

益于己者，己必喜之；损于己者，己必恶之。然则某今日之论，虽或于朱子异，未必非其所喜也。"君子之过，如日月之食，其更也，人皆仰之。"③而"小人之过也必文"。某虽不肖，固不敢以小人之心事朱子也。

【注释】

①"知我者"两句：语出《诗经·王风·黍离》。意为了解我的人明白我是在担忧，不了解我的人还以为我有什么个人目的。

②不直则道不见：语出《孟子·滕文公上》。意为不说直话，真理就不能显现。

③"君子之过"句：语出《论语·子张》："君子之过，如日月之食焉。过也，人皆见之；更也，人皆仰之。"

【译文】

孟子指责杨朱、墨子为"无父无君"。这两个人也是当时的贤明之士，假使他们和孟子是同一个时代出生的话，孟子未必不会把他们当作圣贤。墨子主张"兼爱"，是施行仁政过了分；而杨朱的"为我"思想，则是行义过了分。这样的学说，难道是泯灭天理扰乱纲常，甚至能够让天下人都迷惑的吗？然而孟子却把他们学说的弊病，比作禽兽、夷狄，所谓用学术杀害天下后世之人。

现今学术的弊端，能说是学仁太过分了吗？能说是学义太过分了吗？还是学不仁、不义太过分了？我不知道它们和洪水猛兽相比会怎么样！孟子说："难道我是爱好与别人辩论吗？我也是不得已。"孟子所处的时代，杨朱、墨子的学问在天下盛行，杨、墨的学说被天下人推崇的程度，应当不亚于当下人们推崇朱熹的学说的程度。然而孟子仍旧独自一人在他们中间辩论。唉，可悲呀！韩愈说："佛、道的学说，其危害远远胜过了杨朱、墨子的学说。"韩愈的贤明比不上孟子，孟子尚且不能够在世道被败坏之前挽救它，而韩愈却想在世道人性败坏之后恢复它，他也是自不量力，我们只看到了他身陷危境，而没有人救他以至于他死去了。唉！像我这样的人，便更加是自不量力，真正看到自己的危险，却没有人救我以至于我将死去！大家正值欣喜嬉戏的时候，我却暗自泪流嗟叹；举世都心安理得，按部就班的时候，而我则独自痛心疾首、皱眉深虑。这并非我神经错乱、丧失理智，而是我真正有极大的痛苦隐藏在心里，如果不是天下至仁，谁能体察得到呢？

我写作《朱子晚年定论》，其实也是迫不得已，书上年代的早晚，的确有些没有经过考证，虽然不一定全都出自他的晚年，但很多都是晚年所做。我的本意是调停世上关于朱熹和陆九渊的纷争，用以昌明圣学。我一生对待朱熹先生的学说，都把它奉若神明，一旦与它背道而驰，心中真是不忍，只是不得已才这样做。"知我者，谓我心忧；不知我者，谓我何求？"不抵触朱熹先生的学说，这是我的本心。而又不得已这样，是因为圣道本来就是如此，"不直则道不见"！你所说的"决与朱子异"，我岂敢欺骗自己呢？圣道，是天下的公道，圣学，是天下共有的学，并非朱熹或是孔子能够私自有的。对天下公有的东西，只能秉公而论。如果说对了，虽然与自己的见解不同，对自己也是有益的；说错了，即便是与自己的见解相同的，也是在害自己。于自己有益的，自己定会喜爱；而于自己有害的，自己一定厌恶。所以我现在的论说，和朱熹的学说虽然不同，但未必不会是他喜欢的。"君子的过错，如同日蚀月蚀，他改正了错误，所有人都仰望着他。"而"小人犯了错误一定会加以掩饰"，我虽然不够贤明，但也不敢以小人的心态对待朱熹先生。

答聂文蔚^①（一）

1.

【原文】

春间远劳迂途枉顾，问证惓惓。此情何可当也？已期二三同志，更处静地，扳留旬日，少效其鄙见，以求切磨之益，而公期俗绊，势有不能。别去极怏怏，如有所失。忽承笺惠，反复千余言，读之无甚浣慰。中间推许太过，盖亦奖掖之盛心，而规砺真切，思欲纳之于贤圣之域，又托诸崇一以致其勤勤恳恳之怀。此非深交笃爱，何以及是？知感知愧，且惧其无以堪之也。虽然，仆亦何敢不自鞭勉，而徒以感愧辞让为乎哉？其谓"思、孟、周、程无意相遭于千载之下，与其尽信于天下，不若真信于一人。道固自在，学亦自在，天下信之不为多，一人信之不为少"者，斯固君子"不见是而无闷"^②之心。岂世之谫谫屑屑者知足以及之乎？乃仆之情，则有大不得已者存乎其间，而非以计人之信与不信也。

【注释】

①聂文蔚：聂豹，字文蔚，号双江，江西永丰人，王阳明的弟子。进士，官至兵部尚书。聂豹于嘉靖五年（1526）春因公赴闽，途经杭

州，时王阳明在绍兴讲学，豹不顾别人劝阻，前往求教。

②不见是而无闷：意为不被肯定，也不烦闷。语出《周易·乾卦·文言》："遁世无闷，不见是而无闷。"

【译文】

春天劳烦您绕远道光临寒舍，不知疲倦地问辩求证。此情耿耿，我哪里敢担得起？我已经与两三个志同道合的朋友约好了时间，再找一个安静的地方，逗留十来天，稍微探讨一下我的观点，以便在互相切磋的过程中能够获益，但是你正好公务缠身，势必不能来到。你离开之后，我心中郁郁，怅然似有所失。突然得到你的来信，前后数千字，读了之后我心中感到特别欣慰。信上你对我推许和赞赏太过了，大概也是你的鼓舞提携之情，当中的砥砺与规劝如此真切，想让我慢慢达到圣贤的境界。另外，你又让崇一转达你对我的殷切关怀。如果不深交厚爱，怎么会做到这样？我既感动又羞愧，生怕会承受不了你的厚爱。像这样，我岂敢不自加勉励，而仅仅是感激、羞愧、推辞呢？你说，"子思、孟子、周敦颐、程颢不会期望能够传名千载，与其被天下人都相信，倒不如让一个人真正地理解自己。圣道固然会自然存在，圣学也固然会自然存在，即天下人全都相信，也不会算多，而只有一个人理解，也不会算少"。这就是所谓的君子的"不见是而无闷"。但是世上琐碎浅薄的人又怎么会理解这个呢？在我看来，是将许多迫不得已存留在心里，并不是要去斤斤计较别人是否相信自己。

2.

【原文】

夫人者，天地之心，天地万物本吾一体者也。生民之困苦荼毒，孰非疾痛之切于吾身者乎？不知吾身之疾痛，无是非之心者也。是非之心，不虑而知，不学而能，所谓良知也。良知之在人心，无间于圣愚，天下古今之所同也。世之君子，惟务致其良知，则自能公是非，同好恶，视人犹己，视国犹家，而以天地万物为一体，求天下无治不可得矣。古之人所以能见善不啻若己出，见恶不啻若己入，视民之饥溺犹己之饥溺，而一夫不获若己推而纳诸沟中者①，非故为是而以蕲天下之信己也，务致其良知求自慊而已矣。尧、舜、三王之圣，言而民莫不信者，致其良知而言之也；行而民莫不说者，致其良知而行之也。是以其民熙熙皞皞，杀之不怨，利之不庸②。施及蛮貊，而凡有血气者莫不尊亲，为其良知之同也。呜呼！圣人之治天下，何其简且易哉！

【注释】

①"一夫不获"句：指伊尹认为如果有一个人生活没有着落，就好像是亲手把他推到了沟中去似的。

②"杀之不怨"二句：语出《孟子·尽心上》："杀之而不怨，利之而不庸，民日迁善而不知为之者。"意为圣王的百姓心情舒畅，被杀了也不怨恨，得到好处也不认为应该酬谢，天天向好的方面发展也不知道谁使他如此。

　　人，是天地的心，天地万物，原本就与我是同为一体的。百姓生活困苦、遭到残害，哪一件不是我自己身上的切肤之痛？不了解自己的痛苦，是没有是非之心的人。是非之心，不用思考就会感知到，不用学习就会具备，它就是所谓的良知。不论是圣人和傻瓜，从古到今，良知都自然存在人的心里。世上的君子，只要致力于良知之上，便自然能判别是非与好恶，待人如待己，爱国如爱家，与天地万物融为一体，这样的话，想不让国家得到好的治理都不可能。古人看见善事或者坏事，就好像是自己做的；看到百姓饥饿痛苦，就像自己也饥饿痛苦；有一个人还没有安顿好，就像是亲手把他推进了沟里，他们这样做不是为了获得天下人的信任，而是一心致其良知以求自己内心的满足罢了。尧、舜、禹、汤、周文王、周武王，他们说的话天下百姓没有不相信的，因为那是他们致良知之后才说的话；他们做的事百姓没有不高兴的，因为他们是致良知之后才做的事。因此他们的百姓和平安乐，即使被处死也不会怨恨，他们得到好处，圣人们也不会邀功。把这些推及蛮荒之地，凡是有血气的人无不孝敬父母，因为他们的良知都是一样的。唉！圣人治理天下，多么简单容易呀！

3.

【原文】

　　后世良知之学不明，天下之人用其私智以相比轧，是以人各有心，而偏琐僻陋之见，狡伪阴邪之术，至于不可胜说。外假仁义之名，而内以行其自私自利之实；诡辞以阿俗，矫行以干誉；掩人之善而袭以为己长；讦人之私而窃以为己直；忿以相胜而犹谓之徇义；险以相倾而犹谓之疾恶；妒贤忌能而犹自以为公是非；恣情纵欲而犹自以为同好恶。相陵相贼，自其一家骨肉之亲，已不能无尔我胜负之意、彼此藩篱之形，而况于天下之大，民物之众，又何能一体而视之？则无怪于纷纷籍籍而祸乱相寻于无穷矣。

【译文】

后世，良知的学说不再昌明，天下人用自己的私心巧智来彼此倾轧，各人都有自己的私心，于是各种偏执浅陋、琐碎繁杂的见解，狡诈阴邪的手段数不胜数。他们假借着仁义的名号，实际上却在做自私自利的事情；他们用诡辩辞令来迎合世俗，用虚伪的行为来获取名誉；他们把别人的善良损害了，当作自己的长处；攻讦别人的隐私，还自以为正直；为泄私愤去与别人争斗却自以为是为正义献身；邪恶地互相倾轧却号称疾恶如仇；妒疾贤能之士却以自己是在主持公道；恣意放纵情欲却还认为自己与百姓同好恶。互相欺凌侵害，即使是手足亲人，也互相有争个胜负高低的心思、相互间有很深的隔膜，更何况天地之大，百姓事物之多，又如何能把他们与自己当作一体看待呢？无怪乎天下纷纷扰扰、祸乱四起了。

4.

【原文】

仆诚赖天之灵，偶有见于良知之学，以为必由此而后天下可得而治。是以每念斯民之陷溺，则为之戚然痛心，忘其身之不肖，而思以此救之，亦不自知其量者。天下之人见其若是，遂相与非笑而诋斥之，以为是病狂丧心之人耳。呜呼，是奚足恤哉！吾方疾痛之切体，而暇计人之非笑乎？人固有见其父子兄弟之坠溺于深渊者，呼号匍匐，裸跣颠顿，扳悬崖壁而下拯之。士之见者，方相与揖让谈笑于其傍，以为是弃其礼貌衣冠而呼号颠顿若此，是病狂丧心者也。故夫揖让谈笑于溺人之旁而不知救，此惟行路之人，无亲戚骨肉之情者能之，然已谓之"无恻隐之心，非人矣"。若夫在父子兄弟之爱者，则固未有不痛心疾首，狂奔尽气，匍匐而拯之。彼将陷溺于祸有不顾，而况于病狂丧心之讥乎？而又况于蕲人之信与不信乎？呜呼！今之人虽谓仆为病狂丧心之人，亦无不可矣。天下之人心，皆吾之心也。天下之人犹有病狂者矣，吾安得而非病狂乎？犹有丧心者矣，吾安得而非丧心乎？

【译文】

真的是托上天洪福，我偶然发现了良知的学说，认为只有通过致良知，天下才能得到治理。因此我每每想到百姓的困苦，便会忧愁心痛，想用致良知来拯救他们，而忽略了自身的才智疏浅，真是自不量力。别人看到我这个样子，就争相嘲讽非难或者斥责我，认为我只是一个精神错乱的人罢了。唉，这又何足挂心呢！我正有着切肤的疼痛，哪有时间去计较别人的非难嘲讽？人们看见自己的父子兄弟坠进深渊，固然会匍匐呼叫，全然不顾丢掉鞋子帽子，奋不顾身地下去拯救。士人们遇到这种事情，便只会在旁边打躬作揖、谈笑风生，认为这样不顾衣冠，号啕大哭，失了礼节，是丧心病狂的人。看到有人落水，依然礼让谈笑、不去救落水之人，这只有没有亲戚骨肉之情的人才做得出来。孟子曾经说过"无恻隐之心，非人矣"，如果是在乎父子兄弟亲情的人，一定不会不痛心疾首，倾尽全力前去拯救的。他们连溺水的危险都不怕，又怎会顾忌会被讥讽为丧心病狂？又怎么期望别人的信或不信呢？唉！现在的人虽然称我是丧心病狂的人，也没什么不可以。天下人的心，都是我的心。人们当中尚还有丧心病狂的，我怎会不丧心病狂呢？

5.

【原文】

　　昔者孔子之在当时，有议其为谄者，有讥其为佞者，有毁其未贤，诋其为"不知礼"，而侮之以为"东家丘"者，①有嫉而沮之者②，有恶而欲杀之者③。晨门、荷蒉之徒，皆当时之贤士，且曰："是知其不可而为之者欤？"④"鄙哉！硁硁乎！莫己知也，斯己而已矣。"⑤

虽子路在升堂之列，尚不能无疑于其所见，不悦于其所欲往，而且以之为迂⑥。则当时之不信夫子者，岂特十之二三而已乎？然而夫子汲汲遑遑，若求亡子于道路，而不暇于暖席者，宁以蕲人之知我、信我而已哉？盖其天地万物一体之仁，疾痛迫切，虽欲已之而自有所不容已，故其曰言："吾非斯人之徒与而谁与？"⑦"欲洁其身而乱大伦。""果哉，末之难矣！"⑧呜呼！此非诚以天地万物者为一体者，孰能以知夫子之心乎？若其"遁世无闷""乐天知命"者，则固"无入而自得"，"道并行而不相悖"也。

【注释】

①不知礼、东家丘：据《论语·八佾》载，孔子进入太庙，什么都问，有人就说孔子不知礼。又，《孔子家语》云，孔子西邻有愚人，不知道孔子是圣人，称他为东家丘。

②有嫉而沮之者：《史记·孔子世家》云，孔子任鲁国大司寇和代理宰相时，齐国害怕鲁国因此强大起来："孔子为政必霸，霸则吾地近焉，我之为先并矣。盍致地焉？"犁锄说："请先尝沮之，沮之而不可则致地。"齐人就送女乐给鲁国国君和当权者季孙氏，使鲁国国政荒废，孔子便离开鲁国。沮，同"阻"。

③有恶而欲杀之者：据《论语·述而》载，孔子周游列国，经过宋国时，有人想杀他。

④是知其不可而为之者欤：意为是那个知道自己做不到但还是一定要去做的人吗？语出《论语·宪问》。

⑤"鄙哉"四句：意为固执地击磬，真可鄙呀！既然没有人理解自己，就算了呗。语出《论语·宪问》。

⑥"子路"四句：孔子到卫国去见名声不好的卫灵公夫人南子，子路很不高兴。孔子去卫国之前，子路曾问孔子，如果卫君让他执政，他首先做什么，孔子说先正名，子路笑话他竟然迂腐到这种地步。

⑦"吾非斯人"句：意为我不跟天下的人在一起又跟谁在一起呢？语出《论语·微子》。

⑧果哉，末之难矣：意为隐者遁世如此坚决，没办法说服他了。语出《论语·宪问》。

【译文】

孔子在世的时候，有人评议他是谄媚之人，有人讥笑他是奸佞的小人，有人诋毁他不够贤明，有人诽谤他不知礼仪，有人侮辱他是东家的孔丘，有人因嫉妒而败坏他的名声，有人憎恶并且想要杀了他。即使像当时的晨门、荷蒉等贤士也会说："是知其不可而为之者欤？""鄙哉！硁硁乎！莫己知也，斯己而已矣。"虽然子路是孔子的门徒，仍旧不免会怀疑孔子的见识，对孔子的所作所为不满，并且认为孔子迂腐。当时不相信孔子的人，难道仅仅是十之二三吗？然而孔子仍旧是兢兢业业，就像是在路上寻找丢失的儿子一样，坐不暖席，匆匆忙忙，难道只是为了让别人相信、理解自己吗？是因为他有一份与天地万物同体的仁爱之心，迫切地感到了切肤之痛，即使想停也身不由己了。因此他说："吾非斯人之徒与而谁与？""欲洁其身而乱大伦。""果哉，末之难矣！"

唉！如果不是真真正正与天地万物一体的人，谁能明白孔子的心意呢？至于那些"遁世无闷""乐天知命"的人，自然会"无入而不自得""道并行而不相悖"了。

6.

【原文】

仆之不肖，何敢以夫子之道为己任！顾其心亦已稍加疾痛之在身，是以彷徨四顾，将求其有助于我者，相与讲去其病耳。今诚得豪杰同志之士，扶持匡翼，共明良知之学于天下，使天下之人皆知自致其良知，以相安相养，去其自私自利之蔽，一洗谗妒胜忿之习，以济于大同①，则仆之狂病固将脱然以愈，而终免于丧心之患矣。岂不快哉！

嗟乎！今诚欲求豪杰同志之士于天下，非如吾文蔚者，而谁望之乎？如吾文蔚之才与志，诚足以援天下之溺者，今又既知其具之在我，而无假于外求矣，循是而充，若决河注海，孰得而御哉？文蔚所谓"一人信之不为少"，其又能逊以委之何人乎？

【注释】

①大同：古代儒家所推崇的理想社会。语出《礼记·礼运》："大道之行也，天下为公，选贤与能，讲信修睦。故人不独亲其亲，不独子其子。使老有所终，壮有所用，幼有所长，鳏寡孤独废疾者，皆有所养。男有分，女有归。货恶其弃于地也，不必藏于己；力恶其不出于身

也，不必为己。是故谋闭而不兴，盗窃乱贼而不作，故外户而不闭，是谓大同。"

【译文】

鄙人才疏学浅，怎么敢声称以孔子的圣道作为己任？我心里也已经稍微明白了自身的毛病，因此心下彷徨，四处寻找能够对我有帮助的人，共同讲习，以除去我身上的毛病。现在真的能够得到你们这些有着共同志向的豪杰来提携匡正我，共同让良知在天下得以昌明，让天下的人都知道致自己的良知，彼此安抚、启发，去除自私自利的毛病，清除谄媚、嫉妒、好胜和易怒的习惯，让天下得以大同，那么我的狂病自然会立刻痊愈，而最终免除丧心病狂的忧患。岂不痛快！

唉！现在真的想要寻求志同道合的豪杰，除了文蔚你，我还能够指望谁呢？以你的才智与理想，确实足以拯救天下于困苦之中了，现在既然已经知道良知就在自己心中，无须向外寻求，那么遵循着这个，加以扩充，就会像是决堤大河奔入大海，谁能抵御？你说"一人相信不算少"，又怎么能谦逊地委托给其他人呢？

7.

【原文】

会稽素号山水之区。深林长谷，信步皆是；寒暑晦明，无时不宜；安居饱食，尘嚣无扰；良朋四集，道义日新；优哉游哉，天地之间宁复有乐于是者！孔子云：

"不怨天，不尤人，下学而上达。"^①仆与二三同志方将请事斯语，奚暇外慕？独其切肤之痛，乃有未能忿然者，辄复云云尔。咳疾暑毒，书札绝懒，盛使远来，迟留经月，临歧执笔，又不觉累纸。盖于相知之深，虽已缕缕至此，殊觉有所未能尽也。

【注释】

①"不怨天"三句：语出《论语·宪问》："不怨天，不尤人，下学而上达。知我者其天乎！"意为不怨恨上天，不责怪别人，学习知识，通晓天理。

【译文】

会稽（南宋以后会稽名绍兴）素来被称为山水的名胜，茂密的树林、幽深的山谷，比比皆是；春夏秋冬，气候适宜；安静而远离尘俗；好友们从四方云集于此，对于道义日日都有新的见解；真是逍遥自在，天地间哪还会有这样的快乐！孔子说："不怨天，不尤人，下学而上达。"我和两三个志同道合的朋友正想要遵循孔子的这句话去做，哪还有其他时间思慕心外之物？只是这切肤之痛，却不能无动于衷，于是回复了这封信。我因咳嗽加上暑热，懒得写信。你盛意拳拳地派人远道而来，逗留了大概一个月，临行执笔，不知不觉又写了这么多。大概因为我们相知甚深，虽然已经如此详尽了，仍会觉得有许多话没有说完。

答聂文蔚（二）

1.

【原文】

来书所询，草草奉复一二。

近岁来山中讲学者，往往多说"勿忘勿助"工夫甚难。问之，则云才着意便是助，才不着意便是忘，所以甚难。区区因问之云："忘是忘个甚么？助是助个甚么？"其人默然无对，始请问。区区因与说，我此间讲学，却只说个"必有事焉"，不说"勿忘勿助"。"必有事焉"者，只是时时去"集义"。若时时去用"必有事"的工夫，而或有时间断，此便是忘了，即须"勿忘"；时时去用"必有事"的工夫，而或有时欲速求效，此便是助了，即须"勿助"。其工夫全在"必有事焉"上用；"勿忘勿助"，只就其间提撕警觉而已。若是工夫原不间断，即不须更说勿忘；原不欲速求效，即不须更说勿助。此其工夫何等明白简易！何等洒脱自在！今却不去"必有事"上用功，而乃悬空守着一个"勿忘勿助"。此正如烧锅煮饭，锅内不曾渍水下米，而乃专去添柴放火，不知毕竟煮出个甚么物来？吾恐火候未及调停，而锅已先破裂矣。近日一种专在勿忘勿助上用功者，其病正是如此。终日悬空去做个勿忘，又悬空去做个勿助，济济荡荡，全无实落下手处。究竟工夫，只做得个沉空守寂，学成一个痴呆汉，才遇些子事来，即便牵滞纷扰，不复能经纶宰制。此皆有志之士，而乃使之劳苦缠缚，担阁一生，皆由学术误人之故，甚可悯矣！

【译文】

就来信里你问的问题，我草略地做了一些回答。

近年，来山上讲学的人往往说"勿忘勿助"的功夫很难。问为什么，他们便说稍略在意就是助，一不用心就是忘，所以很难。我便问："忘是忘了什么？助是助了什么？"他们都沉默着回答不出来，便向我请教。我告诉他们，我在这里讲学，只说个"必有事焉"，从没有"勿忘勿助"的说法。"必有事焉"，就是时时刻刻要"集义"。时时刻刻都在用"必有事"的功夫，如果有时有了中断，那就是"忘"，那就需要做到"勿忘"；时时刻刻在用"必有事"的功夫，而如果有时想要快速见效，那就是"助"了，那就需要"勿助"。所以功夫都用在"必有事焉"上；"勿忘勿助"，只能在其间有个提醒警觉的作用而已。如果功夫原本就是不间断的，就不需要说"勿忘"了；如果下功夫原本就不求速效，也就不需要说"勿助"了。其中的功夫是何等简单易懂呀！何等洒脱自在呀！如今却不在"必有事"上用功，而是空谈一个"勿忘勿助"。就像是架锅煮饭，还不曾往锅里添水下米呢，就先去添柴烧火，真不知道能够煮出个什么东西来？恐怕火候还来不及调好，锅就已经先被烧裂了。现在有一种专门在"勿忘勿助"上用功的人，他们的错误就在这里。成天空谈什么"勿忘勿助"，四处奔波，却全然没有下手的地方。到头来也只落得个死守空寂，成为一个痴呆汉。碰到一点事，便被牵滞得心绪烦乱，无法妥善应付。这些都是有志之士，却因此劳苦困扰，耽误一生，都是错误的学术误人啊，真是可惜！

2.

【原文】

圣贤论学，多是随时就事，虽言若人殊，而要其工夫头脑，若合符节。缘天地之间，原只有此性，只有此理，只有此良知，只有此一件事耳。故凡就古人论学处说工夫，更不必挽和兼搭而说，自然无不吻合贯通者。才须挽和兼搭而说，即是自己工夫未明彻也。

近时有谓"集义"之功，必须兼搭个致良知而后备者，则是"集义"之功尚未了彻也。"集义"之功尚未了彻，适足以为致良知之累而已矣。谓致良知之功，必须兼搭一个"勿忘勿助"而后明者，则是致良知之功尚未了彻也。致良知之功尚未了彻也，适足以为"勿忘勿助"之累而已矣。若此者，皆是就文义上解释牵附，以求混融凑泊，而不曾就自己实工夫上体验，是以论之愈精，而去之愈远。

文蔚之论，其于"大本达道"既已沛然无疑，至于"致知""穷理"及"忘助"等说，时亦有挽和兼搭处，却是区区所谓康庄大道之中，或时横斜迂曲者，到得工夫熟后，自将释然矣。

【译文】

圣人们讲学，往往就事论事，虽然说法好像不尽相同，但他们的宗旨，都是相符合的。因为天地之间，原本就只有一个人性，只有一个天理，只有一个良知，只是这一件事而已。所以凡是就古人论学方面讲的功夫，根本不需要掺杂搭配地讲解，自然会吻合贯通。如果有人认为需要掺杂搭配来讲解，便是他自己的功夫还不够明彻。

近来，有人认为"集义"的功夫，必须掺杂着致良知的功夫才会完备，那是因为他的"集义"的功夫还不透彻罢了。"集义"的功夫尚未透彻，便刚好成为致良知的阻碍。而认为致良知的功夫必须搭配"勿忘勿助"的功夫才能完备，也是因为致良知的功夫尚未透彻。致良知的功夫尚未透彻，便恰恰成为"勿忘勿助"的牵累。像这样，都只是在字义上牵强附会，以求融会贯通，还未曾就自己实在的功夫上体悟，所以说得越细致，就会相差得越远。

你的论述，在"大本达道"上已经没有什么问题了，但是对"致知""穷理"以及"勿忘勿助"等学说，还时时会有掺杂搭配的地方，这就是我所说的已经在康庄大道上了，但有时会有歪斜曲折的情况，等你的功夫纯熟后，自然就会没有了。

3.

【原文】

文蔚谓"致知之说，求之事亲、从兄之间，便觉有所持循"者，此段最见近来真切笃实之功。但以此自为不妨，自有得力处；以此遂为定说教人，却未免又有因药发病之患，亦不可不一讲也。

盖良知只是一个天理。自然明觉发见处，只是一个真诚恻怛便是他本体。故致此良知之真诚恻怛以事亲便是孝，致此良知之真诚恻怛以从兄便是弟，致此良知之真诚恻怛以事君便是忠。只是一个良知，一个真诚恻怛。若是从兄的良知不能致其真诚恻怛，即是事亲的良知不能致其真诚恻怛矣；事君的良知不能致其真诚恻怛，即是从兄的良知不能致其真诚恻怛矣。故致得事君的良知，便是致却从兄的良知；致得从兄的良知，便是致却事亲的良知。不是事君的良知不能致，却须又从事亲的良知上去扩充将来。如此，又是脱却本原，着在支节上求了。良知只是一个，随他发见流行处，当下具足，更无去来，不须假借。然其发见流行处，却自有轻重厚薄毫发不容增减者，所谓"天然自有之中"也。虽则轻重厚薄毫发不容增减，而原又只是一个。虽则只是一个，而其间轻重厚薄又毫发不容增减。若可得增减，若须假借，即已非其真诚恻怛之本体矣。此良知之妙用，所以无方体，无穷尽，"语大天下莫能载，语小天下莫能破"[①]者也。

【注释】

①"语大"二句：语出《中庸》："故君子语大，天下莫能载焉；语小，天下莫能破焉。"意为君子讲到道的博大，即使是天地无边无际也装载不了它；讲到道的精微，天下任何东西也破碎不了它。

【译文】

你说"致知之说，求之事亲、从兄之间，便觉有所持循"，这句话最能看出你近来所下的真切笃实的功夫。你自己无妨从这里用功，自然会有感觉得力的地方；但如果用这些作为定论去教导别人，就难免会有用药不当反而得病的担心，所以在这里我不能不提一提。

良知只是一个天理。它自然明觉的显现处，只是一个真诚恻隐，便是良知的本体。所以致良知的真诚恻隐用来关爱父母就是孝，致良知的真诚恻隐用来尊敬兄长就是悌，致良知的真诚恻隐用来辅佐君王便是忠。这里只有一个良知，一个真诚恻隐。如果尊敬兄长的良知不能致其真诚恻隐，也就是侍奉父母的良知不能致其真诚恻隐；如果辅佐君王的良知不能致其真诚恻隐，也就是尊敬兄长的良知不能致其真诚恻隐。所以致辅佐君王的良知，就是致尊敬兄长的良知；致尊敬兄长的良知，就是致侍奉父母的良知。不是说辅佐君王的良知不能致，却必须从侍奉父母的良知上去扩充得来。如果这样，就又是脱离了本原，只在细枝末节上探求了。良知只有一个，随着良知的呈现和流传，自然就会完美，不用再去寻求，也不需假借于外。但是它呈现流传的地方，自然就会有其轻重厚薄，丝毫不容增减，即所谓的"天然自有之中"。虽然它的轻重厚薄，丝毫不容增减，但它的本原也只是一个。虽然良知只是一个，它的轻重厚薄又是丝毫不容增减的。如果可以增减，如果需要向外假借，便不会再是真诚恻隐的本体了。之所以良知的妙用没有固形，没有穷尽，"语大天下莫能载，语小天下莫能破"，原因就在此。

4.

【原文】

"臆""逆""先觉"之说，文蔚谓"诚则旁行曲防，皆良知之用"。甚善甚善！间有搀搭处，则前已言之矣。惟浚之言亦未为不是。在文蔚须有取于惟浚之言而后尽，在惟浚又须有取于文蔚之言而后明。不然，则亦未免各有倚着之病也。舜察迩言而询刍荛①，非是以迩言当察、刍荛当询而后如此。乃良知之发见流行，光明圆莹，更无挂碍遮隔处。此所以谓之大知。才有执着意必，其知便小矣。讲学中自有去取分辨，然就心地上着实用工夫，却须如此方是。

【注释】

①刍荛：刍，草；荛，柴草。引申为打柴的人。

【译文】

诸如"不臆不信""不逆诈""先觉"等论说，你说"诚则旁行曲防，皆良知之用"。这种观点很正确！偶尔会有掺杂搭配的地方，我前面已经谈到过了。惟浚的说法也并不是不对。你需要采纳惟浚的说法才能够做到详尽，而惟浚则需要采纳你的说法之后才能更明白。否则的话，你们都难免会有一些偏颇。舜喜欢体察浅近的话，并且向打柴的人请教，并不是浅近的话应当去思考，而是舜认为应当向樵夫请教，所以他才请教。良知的呈现流传，光明透彻，没有任何障碍蒙蔽的地方。这就是所谓的大智。如果有了执着，他的智就变小了。讲学时自然会有一些取舍分辨，但是在心里切实地用功，就必须这样才行。

【原文】

"尽心"三节，区区曾有生知、学知、困知之说，颇已明白，无可疑者。盖尽心、知性、知天者，不必说存心、养性、事天，不必说"夭寿不贰、修身以俟"。而存心、养性与"修身以俟"之功，已在其中矣。存心、养性、事天者，虽未到得尽心、知天的地位，然已是在那里做个求到尽心、知天的工夫，更不必说"夭寿不贰、修身以俟"之功，已在其中矣。

譬之行路，尽心、知天者，如年力壮健之人，既能奔走往来于数千里之间者也；存心、事天者，如童稚之年，使之学习步趋于庭除之间者也；"夭寿不贰、修身以俟"者，如襁褓之孩，方使之扶墙傍壁，而渐学起立移步者也。既已能奔走往来于千里数之间者，则不必更使之于庭除之间而学步趋，而步趋于庭除之间自无弗能矣；既已能步趋于庭除之间，则不必更使之扶墙傍壁而学起立移步，而起立移步自无弗能矣。然学起立移步，便是学步趋庭除之始；学步趋庭除，便是学奔走往来于数千里之基。固非有二事，但其工夫之难易，则相去悬绝矣。

心也，性也，天也，一也。故及其知之成功则一。然而三者人品力量自有阶级，不可躐等而能也。细观文蔚之论，其意以恐尽心、知天者，废却存心、修身之功，而反为尽心、知天之病。是盖为圣人忧工夫之或间断，而不知为自己忧工夫之未真切也。吾侪①用工，却须专心致志在"夭寿不贰、修身以俟"上做，只此便是做尽心、知天功夫之始。正如学起立移步，便是学奔走千里之始。吾方自虑其不能起立移步，而岂遽其不能奔走千里？又况为奔走千里者，而虑其或遗忘于起立移步之习哉？

文蔚识见本自超绝迈往，而所论云然者，亦是未能脱去旧时解说文义之习，是为此三段书，分疏比合，以求融会贯通，而自添许多意见缠绕，反使用工不专一也。近时悬空去做勿忘勿助者，其意见正有此病，最能担误人，不可不涤除耳。

【注释】

①侪：同辈，同类的人。

【译文】

关于"尽心"的三个层次，我曾经用"生而知之""学而知之""困而知之"来说明，已是非常明白的了，应该没有能怀疑的地方了。大概对于尽心、知性、知天的人，就不必再说存心、养性、事天了，也不必再说"夭寿不贰，修身以俟"。因为存心、养性与"修身以俟"的功夫，都已经包含在尽心、知性、知天当中了。而对于存心、养性、事天的人，虽然他们还能到得尽心、知天的境界，但已经是在探求尽心、知天的功夫了，也无须说"夭寿不贰，修身以俟"的功夫，因为"夭寿不贰，修身以俟"的功夫，也已经包括其中了。

以走路做比喻，尽心、知天的人，就像年轻壮健的人，本来就能够在数千里的路途当中来回奔走；存心、事天的人，就像是一个稚嫩的儿童，只能让他在庭院里学习走路；而"夭寿不贰，修身以俟"的人，就像还在襁褓里的婴儿，让他们依傍着墙壁，他们才能慢慢学习站立，缓缓移动。既然已经能够在数千里的路途当中来回奔走了，就不必再让他在院子里学习走路了，因为在院子里走路对他来说是不可能不会的；既然已经能够在院子里走路了，那也就不必再让他靠着墙壁学习站立了，因为他站立自然对他们来说是没有问题的。然而在庭院里学习走路，是从学习站立开始的；而在庭院里学着走路，又是能在几千里的路上往来奔跑的基础。这本来就不是两回事，只是功夫的难易程度悬殊罢了。

心、性、天，其本质是一样的。所以等到致良知成功之后，效果是相同的。然而这三种人的人品、才智有各自不同的等级，他们不能够逾越各自的等级而行动。我仔细考虑了你的观点，你是害怕尽心、知天的人，废弃了存心、修身的功夫，而反过来成了尽心、知天的障碍。这大概是替圣人担忧，怕他们的功夫有时会间断，却不去为自己担心功夫是不是已经真切了。我们用功，只需专心致志地在"夭寿不贰，修身以俟"上用功，这才是做尽心、知天的功夫的开始。就像学习站立，是为了学习奔走千里。如今，我忧虑的是不能站立移步，怎会去忧虑不能奔走千里呢？又怎么会为奔走千里的人，担心他们会有时忘记了站立的本领？

文蔚，你原本已经见识出众，而你所说的话又表明，你也还没有清除以往专门讲求字面意义的习惯，所以你才会分出"知天""事天""夭寿不贰"三个层次，进行分析、综合、比较，以求融会贯通，却给自己添加了许多纠缠不清的观点，反倒让自己不能用功专一。近来那些凭空去做"勿忘勿助"的功夫的人，也恰恰有了这个毛病，它最能耽误人，不能不清除干净。

训蒙大意示教读刘伯颂等[①]

【原文】

古之教者，教以人伦。后世记诵词章之习起，而先王之教亡。今教童子，惟当以孝、弟、忠、信、礼、义、廉、耻为专务。其栽培涵养之方，则宜诱之歌诗以发其志意，导之习礼以肃其威仪，讽之读书以开其知觉。今人往往以歌诗、习礼为不切时务，此皆末俗庸鄙之见，乌足以知古人立教之意哉？

大抵童子之情，乐嬉游而惮拘检，如草木之始萌芽，舒畅之则条达，摧挠之则衰痿。今教童子，必使其趋向鼓舞，中心喜悦，则其进自不能已。譬之时雨春风，沾被卉木，莫不萌动发越，自然日长月化。若冰霜剥落，则生意萧索，日就枯槁矣。故凡诱之歌诗者，非但发其志意而已，亦所以泄其跳号呼啸于咏歌，宣其幽抑结滞于音节也。导之习礼者，非但肃其威仪而已，亦所以周旋揖让而动荡其血脉，拜起屈伸而固束其筋骸也。讽之读书者，非但开其知觉而已，亦所以沉潜反复而存其心，抑扬讽诵以宣其志也。凡此皆所以顺导其志意，调理其性情，潜消其鄙吝，默化其粗顽，日使之渐于礼义而不苦其难，入于中和而不知其故。是盖先王立教之微意也。

若近世之训蒙稚者，日惟督以句读课仿，责其检束而不知导之以礼，求其聪明而不知养之以善，鞭挞绳缚，若待拘囚。彼视学舍如囹狱而不肯入，视师长如寇仇而不欲见，窥避掩覆以遂其嬉游，设诈饰诡以肆其顽鄙，偷薄庸劣，日趋下流。是盖驱之于恶而求其为善也，何可得乎？

凡吾所以教，其意实在于此。恐时俗不察，视以为迂，且吾亦将去，故特叮咛以告。尔诸教读，其务体吾意，永以为训，毋辄因时俗之言，改废其绳墨，庶成"蒙以养正"②之功矣，念之念之！

【注释】

①明正德十三年（1518），王阳明任南赣巡抚，在赣南各地订立乡约，兴办社学并颁布此文晓谕他们。训蒙大意，儿童教育的基本原

则。教读，社学的教师，刘伯颂应为教读之一。

②蒙以养正：语出《周易·蒙卦·象传》："蒙以养正，圣功也。"意为应当培养儿童纯正无邪的品质。

【译文】

古代的教育者，教的是人伦纲常。而自从后世背诵辞章的风气兴起，先王的教育就灭亡了。现在教育小孩子，应当只把孝、悌、忠、信、礼、义、廉、耻作为专门的内容。而教育的具体方法，则应当诱导他们吟唱诗歌以激发起志趣；引导他们学习礼仪以使他们仪表严肃威严；指导他们读书以开发他们的智慧。如今，人们往往觉得吟唱诗歌、学习礼仪有些不合时宜，这都是庸俗鄙薄的看法，他们怎么能够知晓古人推行教育的本意呢？

一般来说，小孩子们喜好嬉戏游玩而讨厌约束，就像草木刚萌芽的时候，让它舒展地生长，便很快能够枝条发达，而如果受到了摧压就很快会枯萎。如今教育小孩子，一定要让他们顺从自己的喜好，欢欣鼓舞，心中喜悦，那么他们的进步自然不会停止。就好像春天的和风细雨降下，花木得到了滋养，无不发芽抽枝，自然而然日新月异。但是如果冰霜来袭，花木就会萧索，日益枯萎。所以孩子们得到诗歌吟唱的引导，不仅能引发他们的志趣，而且能够在吟唱诗歌的过程中消耗他们跳蹿呼号的精力，在音律中宣泄他们心里的郁结。引导他们学习礼仪，不但能使他们仪表威严，而且还能在打躬作揖的过程中活动他们的血脉，强健他们的筋骨。指导他们读书，不但可能开发他们的智慧，而且也能在反复的思索中存养他们的本心，在抑扬顿挫的朗诵中宣扬他们的志趣。所有这些都是顺从他们的心意，调理他们的性情，消磨他们的鄙陋吝啬和粗浅愚顽，日渐使他们合乎礼义而不感到很难接受，在不知不觉中达到了中正平和。这些才是先王推行教育的本意。

当代教导启蒙儿童的人，只是每天督促他们的句读功夫，严求他们自我约束而不知道用礼义来引导他们，仅仅要求他们聪明却不知道用善良来培养他们，像对待囚犯一样对待学生们，用鞭子打用绳子捆。小孩子们把学校看作监狱而不愿意进入，把老师看作强盗仇人而不想和他们见面，于是他们借机窥探、逃避、掩饰、覆盖，以便能嬉戏游乐，撒谎作假，肆意顽劣，日益变得层次低下。这是驱使他们作恶却又想要他们向善，怎么可能达到呢？

所以我的教育，本意就在这里。就怕世俗无法体察，以为我很迂腐，况且我将要离开了，所以特别叮咛嘱咐。你们这些为人师表的人，务必要体察我的心意，并以此为训诫，不要因为世俗言论而废弃了我的规矩，也许还可以成就"蒙以养正"的功效吧。切记切记！

教约

【原文】

每日清晨，诸生参揖毕，教读以次遍询诸生：在家所以爱亲敬长之心，得无懈忽未能真切否？温清定省之仪，得无亏缺未能实践否？往来街衢步趋礼节，得无放荡未能谨饬否？一应言行心术，得无欺妄非僻未能忠信笃敬^①否？诸童子务要各以实对，有则改之，无则加勉。教读复随时就事，曲加诲谕开发，然后各退，就席肄业。

凡歌诗，须要整容定气，清朗其声音，均审其节调，毋躁而急，毋荡而嚣，毋馁而慑，久则精神宣畅，心气和平矣。每学量童生多寡，分为四班。每日轮一班歌诗，其余皆就席，敛容肃听。每五日则总四班递歌于本学。每朔望集各学会歌于书院。

凡习礼，须要澄心肃虑，审其仪节，度其容止，毋忽而惰，毋沮而怍，毋径而野，从容而不失之迂缓，修谨而不矢之拘局。久则礼貌习熟，德性坚定矣。童生班次皆如歌诗，每间一日则轮一班习礼，其余皆就席敛容肃观。习礼之日，免其课仿。每十日则总四班递习于本学，每朔望则集各学会习于书院。

凡授书，不在徒多，但贵精熟。量其资禀，能二百字者止可授以一百字，常使精神力量有余，则无厌苦之患，而有自得之美。讽诵之际，务令专心一志，口诵心惟，字字句句，纳绎反复，抑扬其音节，宽虚其心意。久则义礼浃洽，聪明日开矣。

每日工夫，先考德，次背书诵书，次习礼或作课仿，次复诵书讲书，次歌诗。凡习礼歌诗之数，皆所以常存童子之心，使其乐习不倦，而无暇及于邪僻。教者如此，则知所施矣。虽然，此其大略也。"神而明之，则存乎其人"②。

【注释】

①忠信笃敬：语出《论语·卫灵公》："言忠信，行笃敬，虽蛮貊之邦，行矣。"

②神而明之，则存乎其人：语出《周易·系辞上》："神而明之，存乎其人。"意为只有人的运用，才能使圣道发挥神妙作用。

【译文】

每天清晨，学生们拜见行拱手礼完毕，教师应当依次询问各个学生：在家里时，热爱父母尊敬兄长的心，是没有懈怠呢还是有失真切？温清定省的礼节上，是没有能够身体力行还是无所欠缺？在街上往来行走时，是否步履谨慎而没有放荡不羁？一切言行心术，是否忠实笃信而没有欺妄？每个学生务必要如实应答，有则改之，无则加勉。老师要随时随地对学生给以委婉的教导和启发，然后让他们各自退回座位上去学习。

凡是吟唱诗词，必须仪容整洁，心气安定，声音要清朗，节奏需均衡，不急不躁，不因艰难而气馁，久而久之，自然会精神宣畅，心气平和。每个学校依据学生数量分四个班，每天轮流一个班吟唱诗词，而其余的学生便表情严肃、认真坐在席位上听他们诵读。每五天便让四个班在学校依次吟唱诗歌，每月初一、十五，集合各学校到书院里一起吟唱诗歌。

凡是学习礼仪，必须心思澄澈，肃除杂虑。老师要认真观察他们的礼仪细节、容貌举止，不因懒惰而疏忽，也不沮丧害羞，不粗野，从容自如而不迂缓，谨慎而不拘束紧张。久而久之，礼仪就会熟练，而德性也就坚定了。学生的班次像吟唱诗歌时一样，每隔一天便轮一个班学习礼仪，其余的班级表情严肃、认真地坐着观察。练习礼仪的当天，可以免除其他的功课。每十天就集合四个班在本校练习礼仪。每月的初一、十五集合各学校到书院一起练习礼仪。

老师教书不在于教授的内容多，贵在精熟。根据学生的天资禀性，能识二百字的人只教他们一百字，让学生的精力常常有富余，就不会担心他们因辛苦而厌烦学习，相反会因为有所收获而愿意继续学习。诵读的时候，务必让他们专心致志，口读心想，字字句句都反复体会，音节要抑扬顿挫，而心胸要宽广虚静。久而久之，自然会礼义得当，更加聪明了。

每天的功课，先考察德性，然后是背书，之后是学习礼仪或练习功课，最后再是反复读书、讲课、吟唱诗词。但凡练习礼仪、吟唱诗歌，都是为了常常存养小孩子们的本心，使他们喜爱学习而孜孜不倦，没有闲暇工夫花在歪门邪道的事情上。教师们明白了这些，就知道如何施行了。尽管如此，这里也只是大概说了一些。所谓"神而明之，则存乎其人"（各人去努力吧）。

下

卷

陈九川录

1.

【原文】

九川问:"近年因厌泛滥之学,每要静坐,求屏息念虑,非惟不能,愈觉扰扰。如何?"

先生曰:"念如何可息?只是要正。"

曰:"当自有无念时否?"

先生曰:"实无无念时。"

曰:"如此却如何言静?"

曰:"静未尝不动,动未尝不静。戒谨恐惧即是念,何分动静?"

曰:"周子何以言'定之以中正仁义而主静'①?"

曰:"无欲故静,是'静亦定,动亦定'的'定'字。'主'其本体也。戒惧之念是活泼泼地,此是天机不息处,所谓'维天之命,於穆不已'②。一息便是死,非本体之念即是私念。"

【注释】

①定之以中正仁义而主静:语出周敦颐《太极图说》:"五性感动而善恶分,万事出矣。圣人定之以中正仁义而主静,立人极焉。"

②"维天之命"二句:语出《诗经·周颂·维天之命》。

【译文】

九川问："近年我因厌恶泛览博观，每每想要静坐安神，以求屏息各种思虑念头。但是，我非但不能静心，反而更加感觉到思绪纷扰，这是为何呢？"

先生说："思虑念头怎么可能停止呢？只能让它归于纯正。"

九川问："会有自然没有念头的时候吗？"

先生说："实在不会有没有念头的时候。"

九川问："这样的话，该怎么解释'静'呢？"

先生说："静中未尝没有动，动中也未尝没有静。戒慎恐惧即是念头，怎么分动静呢？"

九川说："周敦颐为什么又说'定之以中正仁义而主静'呢？"

先生说："没有欲望所以宁静，这个'定'字也就是程颢所说'静亦定，动亦静'中的'定'。'主'，即本体。戒慎恐惧的念头是活泼的，正是天机运动不息的表现，所谓'维天之命，於穆不已'。一旦停止便是死亡，不是心的本体的意念都是私念。"

2.

【原文】

又问："用功收心时，有声色在前，如常闻见，恐不是专一。"

曰："如何欲不闻见？除是槁木死灰，耳聋目盲则可。只是虽闻见而不流去便是。"

曰："昔有人静坐，其子隔壁读书，不知其勤惰。程子称其甚敬^①。何如？"

曰："伊川恐亦是讥他。"

【注释】

①程子称其甚敬：语出《河南程氏遗书》卷二："许渤与其子隔一窗而寝，乃不闻其子读书与不读书。先生谓：'此人持敬如此。'"

【译文】

九川问："专心用功的时候，声、色在眼前出现，如果还像往常那样去看去听，恐怕就不能专一了。"

先生说："怎么能不想去听不想去看呢？除非是槁木死灰一般的人或者耳聋眼瞎的人。只是虽然听见或看见了，心却不跟着它分散也就是了。"

九川说："从前有人静坐，他的儿子在隔壁读书，他都不知道儿子是勤劳或懒惰。程颐称赞他很能持敬。这又是为何呢？"

先生说："程颐先生恐怕也是在讽刺他吧。"

3.

【原文】

又问："静坐用功，颇觉此心收敛。遇事又断了，旋起个念头，去事上省察。事过又寻旧功，还觉有内外，打不作一片。"

先生曰："此'格物'之说未透。心何尝有内外？即如惟浚今在此讲论，又岂有一心在内照管？这听讲说时专敬，即是那静坐时心。功夫一贯，何须更起念头？人须在事上磨炼，做功夫乃有益。若只好静，遇事便乱，终无长进。那静时功夫亦差似收敛，而实放溺也。"

后在洪都，复与于中①、国裳②论内外之说③，渠皆云："物自有内外，但要内外并着功夫，不可有间耳。"以质先生。

曰："功夫不离本体，本体原无内外。只为后来做功夫的分了内外，先其本体了，如今正要讲明功夫不要有内外，乃是本体功夫。"

是日俱有省。

【注释】

①于中：陈荣捷先生认为"于中"是"子中"之误。夏良胜，字子中，与陈九川交往密切。

②国裳：舒芬（1487—1527），字国裳，号梓溪，江西进贤人，正德十二年（1517）状元，授翰林修撰。与陈九川一同上疏谏武宗南巡，被贬，后复原职，又上疏大礼之议，并同谏者哭于武庙，遭廷杖。

③内外之说：宋明理学，往往把静坐省察与躬行实践视为内外不同的功夫，而且以前为重，轻视后者。王阳明则认为本体不分内外。省察可以知道实践，实践可以深化省察，所以它们是一体的。王阳明还认为本体和功夫是统一不可分的。

【译文】

九川又问:"静坐用功,很能感觉到本心是收敛着的。但遇到事情就会中断,马上就生起一个念头,到具体的事情上去省察。事情完成之后,再去寻找原来的功夫。所以我仍然觉得心有内外之分,不能融合成一处。"

先生说:"这是你对'格物'的学说还不够明白。心怎么会有内外之分呢? 就像你现在在这里讨论,岂会另有一个心在里边照管着? 这个专心听讲和说话的心,就是静坐时的心。功夫是一以贯之的,何须再另起一个念头? 人做功夫必须在具体的事情上磨炼,那才会有益处。如果仅仅是喜欢安静,那么遇到事情便会忙乱,最终也没有长进。而静坐时的功夫,也仅仅是表面看似乎收敛,而实际上却是放纵沉溺。"

后来在洪都时,九川又与于中、国裳讨论'内外'的学说。于中、国裳都说:"事物本就有内外之分,要在内外并行用功,不能有所间断。"因此九川又问了先生这个问题。

先生说:"功夫离不开本体,本体本来就是不分内外的。只是后来做功夫的人把功夫分出了内外,但已经丧失它的本体了。现在只要讲明,功夫不要有内外之分,那才是本体的功夫。"

这一天大家都有所得。

4.

【原文】

又问:"陆子之学何如?"

先生曰："濂溪、明道之后，还是象山，只是粗些。"

九川曰："看他论学，篇篇说出骨髓，句句似针膏肓，却不见他粗。"

先生曰："然，他心上用过功夫，与揣摹依仿、求之文义自不同。但细看有粗处，用功久当见之。"

【译文】

九川又问："陆象山先生的学说怎么样？"

先生说："在周敦颐先生、程颢先生以后，就是陆象山先生了，只是稍显粗疏。"

九川说："我看陆象山探讨学问，篇篇都能指出精髓所在，句句都能针砭膏肓，没有发现他有粗疏的地方。"

先生说："对的，他在心上用过功夫，自然和那些仅仅在字面上揣测模仿、寻求字面含义的人不相同。但是仔细察看就能发现，他的学说有粗糙的地方，用功时间长了自然就能发现了。"

5.

【原文】

庚辰往虔州，再见先生，问："近来功夫虽若稍知头脑，然难寻个稳当快乐处。"

先生曰："尔却去心上寻个天理，此正所谓理障^①。此间有个诀窍。"

曰："请问如何？"

曰:"只是'致知'。"

曰:"如何致?"

曰:"尔那一点良知,是尔自家底准则。尔意念着处,他是便知是,非便知非,更瞒他一些不得。尔只不要欺他,实实落落依着他做去,善便存,恶便去,他这里何等稳当快乐!此便是'格物'的真诀、'致知'的实功。若不靠着这些真机,如何去'格物'?我亦近年体贴出来如此分明,初犹疑只依他恐有不足,精细看,无些小欠阙。"

【注释】

①理障:佛教用语,即知障。意为把理看死了,理也会成为认识真理的障碍。《圆觉经》云:"若诸众生永舍贪欲,先除事障,未断理障,但能悟入声闻缘觉,未能显住菩萨境界。"

【译文】

正德十五年(1520),九川再次看到了先生,问:"最近我的功夫虽然能够掌握一些关键地方,但仍旧很难找到一个稳当快乐的所在。"

先生说:"你正是要到心上去寻找天理,这便是所谓的'理障'。这里边有一个诀窍。"

九川问:"是什么诀窍?"

先生说:"只是'致知'。"

九川问:"怎么去致知呢?"

先生说:"你心里的那一点良知,便是你自己的准则。你的意念所在之处,正确的就知道正确,错误的就知道错误,对它一丝一毫都隐瞒不得。你只需不去欺骗良知,切切实实地顺从良知去做,善便存养,恶便去除,这样何等稳当快乐! 这就是'格物'的真正秘诀、'致知'的实在功夫。如果不凭借这些真机,如何去'格物'? 我也是近几年才清楚明白地体会到这些,刚开始,我还怀疑,仅凭良知恐怕会有不足,但精细地看,就会发现并没有什么缺陷。"

6.

【原文】

在虔与于中、谦之同侍。先生曰:"人胸中各有个圣人,只自信不及,都自埋倒了。"因顾于中曰:"尔胸中原是圣人。"

于中起,不敢当。

先生曰:"此是尔自家有的,如何要推?"

于中又曰:"不敢。"

先生曰:"众人皆有之,况在于中? 却何故谦起来? 谦亦不得。"

于中乃笑受。

又论:"良知在人,随你如何不能泯灭,虽盗贼亦自知不当为盗,唤他做贼,他还忸怩。"

于中曰:"只是物欲遮蔽,良心在内,自不会失。如云自蔽日,日何尝失了?"

先生曰：“于中如此聪明，他人见不及此。”

【译文】

在虔州的时候，九川与于中、谦之一同陪伴在先生左右。先生说：“人的心里自然各有一个圣人存在，只是因为不够自信，便自己把圣人埋没了。”回头看着于中便说：“你的心里原本也是圣人。”

于中连忙站起来说道：“不敢当，不敢当。”

先生说：“这是你本来就有的，为什么要推却？”

于中又说：“不敢当。”

先生说：“每个人都有，更何况你于中呢？可你为什么要谦虚？谦虚也是不对的。”

于中便笑着接受了。

先生又说：“良知在人的心里，无论如何，都无法泯灭。即便是盗贼，他们自己也明白偷窃是不应该的，喊他是贼，他也会惭愧的。”

于中说：“只是良知为物欲所蒙蔽，良知在人的心里，自然不会消失。就好比乌云遮蔽了太阳，但太阳何曾消失过。”

先生说：“于中如此聪明，别人的见识可比不上他。”

7.

【原文】

先生曰：“这些子看得透彻，随他千言万语，是非诚伪，到前便明。合得的便是，合不得的便非，如佛家说心印①相似。真是个试金石，指南针。"

先生曰："人若知这良心诀窍，随他多少邪思枉念，这里一觉，都自消融。真个是灵丹一粒，点铁成金②。"

崇一曰："先生致知之旨发尽精蕴，看来这里再去不得。"

先生曰："何言之易也！再用功半年看如何？又用功一年看如何？功夫愈久，愈觉不同。此难口说。"

【注释】

①心印：佛教禅宗语。谓不用语言文字，直接以心相印证，以期顿悟。

②"灵丹"二句：语出《景德传灯录》："灵丹一粒，点铁成金；至理一言，点凡成圣。"

【译文】

先生说："把这些道理都理解透彻了，随便他万语千言，是非真伪，到眼前一看便会明白了。这和佛教所说的'心印'相似，符合的就正确，不符合的就错误，真是个试金石、指南针。"

先生说："如果人熟知这良知的诀窍，无论多少歪思邪念，良知一旦察觉，自然会把它们消融掉。就像是一颗灵丹，能够点铁成金。"

欧阳崇一说："先生已经把致良知的宗旨解说得淋漓尽致，看来在这个问题上，无法再进一步阐发。"

先生说:"怎么说得这么随便?你再做半年的工夫,看看会怎么样?再做一年的工夫,看看又会如何?下功夫的时间越长,就越会感觉不相同。这种感觉难以言表!"

8.

【原文】

九川问曰:"伊川说到'体用一原,显微无间'处,门人已说是泄天机①。先生'致知'之说,莫亦泄天机太甚否?"

先生曰:"圣人已指以示人,只为后人掩匿,我发明耳,何故说泄?此是人人自有的,觉来甚不打紧一般。然与不用实功人说,亦甚轻忽,可惜彼此无益。与实用功而不得其要者,提撕之,甚沛然得力。"

又曰:"知来本无知,觉来本无觉,然不知则遂沦埋。"

【注释】

①"伊川"三句:语出《河南程氏外书》卷十二:"和静尝以《易传序》请问,曰:'至微者,理也。至著者,象也。体用一原,显微无间。莫太泄露天机否?'伊川曰:'如此分明说破,犹自人不解悟。'"

【译文】

九川问:"当程颐先生说到'体用一原,显微无间'的时候,这个弟子就已经说他是泄露天机了。那先生'致知'的学说,岂不是泄露太多的天机了吗?"

先生说："圣人早就已经把致良知的学说告诉世人了，只是被后人遮蔽了，我只不过是让它重新显现出来罢了，怎么能说是泄露天机呢？良知是人人生来就具有的，只是觉察到了也觉得无关紧要。但如果我和那些不切实用功的人说这个，他们也只会轻视，这样对彼此都没有什么好处。如果和那些切实用功但还把握不住要领的人谈'致知'，他们就会感到受益匪浅。"

先生又说："知道了才发现原本无所谓知道，觉察原本无所谓觉察。但是如果在不知不觉间，良知就随时会被淹埋。"

9.

【原文】

先生曰："大凡朋友，须箴规指摘处少、诱掖奖劝意多，方是。"

后又戒九川云："与朋友论学，须委曲谦下，宽以居之①。"

【注释】

①宽以居之：意为以宽厚的态度待人接物。语出《周易·乾卦·文言》："君子学以聚之，问以辩之，宽以居之，仁以行之。"

【译文】

先生又说："大凡朋友们相处，应该少一些规劝指摘、多一些奖励鼓舞，这样才对。"

后来先生又训诫九川说:"与朋友讨论学问,应当委婉谦让,宽厚待人。"

10.

【原文】

九川卧病虔州。

先生云:"病物亦难格,觉得如何?"

对曰:"功夫甚难。"

先生曰:"常快活,便是功夫。"

【译文】

九川在虔州病倒了。

先生说:"疾病作为一个'物',很难去'格',你觉得呢?"

九川说:"这个功夫实在很难。"

先生说:"常常有快活的心态,那就是功夫。"

11.

【原文】

有一属官,因久听讲先生之学,曰:"此学甚好,只是簿书讼狱繁难,不得为学。"

先生闻之曰:"我何尝教尔离了簿书讼狱,悬空去讲学?尔既有官司之事,便从官司的事上为学,才是真'格物'。如问一词讼,不可因其应对无状,起个怒心;

不可因他言语圆转，生个喜心；不可恶其嘱托，加意治之；不可因其请求，屈意从之；不可因自己事务烦冗，随意苟且断之；不可因旁人潜毁罗织，随人意思处之。这许多意思皆私，只尔自知，须精细省察克治，惟恐此心有一毫偏倚，枉人是非。这便是'格物''致知'。簿书讼狱之间，无非实学。若离了事物为学，却是著空。"

【译文】

有一位属下官员，因为听了先生讲学很长时间，便问："先生的学说非常精彩，只是我要处理的文件、案件特别繁杂，因此不能好好做学问。"

先生听了之后说："我何曾教你离开文件案件去空谈学问呢？你既然有公事需要处理，就在公事上做学问，这才是真正做到了'格物'。比如，你问讼词的时候，不可以因为对方的回答很无礼而恼怒；不可以因为对方言语圆滑周密而高兴；不可以因为厌恶对方的说情而故意整治；不可以因为对方的哀求就有意宽容他；不能因为自己事务繁忙就随意结案；不可以因为旁人的诋毁诽谤就顺从别人的意愿去处理。这些念头都是私欲，只有你自己知道，需要你精细地反省克治，唯恐因为心中有一丝一毫偏颇，便冤枉了别人的是非，这就是'格物''致知'。处理文件与审理案件之中，无一不是切实的学问。如果离开了具体的事物去做学问，就成了空中楼阁。"

12.

【原文】

于中、国裳辈同侍食。

先生曰:"凡饮食只是要养我身,食了要消化。若徒蓄积在肚里,便成痞了,如何长得肌肤?后世学者博闻多识,留滞胸中,皆伤食之病也。"

【译文】

于中、国裳等人一同陪先生吃饭。

先生说:"但凡吃饭,只是为了滋养我的身体,吃了需要消化。如果仅仅是把食物都积蓄在肚子里,就成了痞病,这怎么能长身体呢?后世的学者博学多识,把学问都滞留在肚子里,都是患了痞病。"

13.

【原文】

先生曰:"圣人亦是'学知',众人亦是'生知'。"

问曰:"何如?"

曰:"这良知人人皆有。圣人只是保全无些障蔽,兢兢业业,亹亹翼翼,自然不息,便也是学。只是生的分数多,所以谓之'生知安行'。众人自孩提之童,莫不完具此知,只是障蔽多,然本体之知,自难泯息,虽问学克治,也只凭他。只是学的分数多,所以谓之'学知利行'。"

【译文】

先生说:"圣人也是'学而知之',普通人也是'生而知之'。"

九川问:"怎么解释?"

先生答说:"良知人人都有。圣人只是保全了良知,让它们不受蒙蔽,兢兢业业,勤勤恳恳,良知自然不会停止,所以这也是学习。只是'生而知之'的成分很多,所以便以为圣人是'生知安行'的了。一般人从孩提时候开始,就全都具备了这种良知,只是后来私欲的遮蔽太多了,然而本体的良知是很难泯灭的,即便是学习克制,也都只是在依靠良知罢了。只是他们'学而知之'的成分多,所以说他们是'学知利行'。"

黄直^①录

1.

【原文】

　　黄以方问："先生格致之说，随时格物以致其知，则知是一节之知，非全体之知也。何以到得'溥博如天，渊泉如渊'^②地位？"

　　先生曰："人心是天渊。心之本体，无所不该，原是一个天。只为私欲障碍，则天之本体失了。心之理无穷尽，原是一个渊，只为私欲窒塞，则渊之本体失了。如今念念致良知，将此障碍窒塞一齐去尽，则本体已复，便是天渊了。"

　　乃指天以示之曰："比如面前见天，是昭昭之天；四外见天，也只是昭昭之天，只为许多房子墙壁遮蔽，便不见天之全体，若撤去房子墙壁，总是一个天矣。不可道眼前天是昭昭之天，外面又不是昭昭之天也。于此便见一节之知即全体之知，全体之知即一节之知，总是一个本体。"

【注释】

　　①黄直：字以方，江西金溪人，进士，王阳明弟子。曾以抗疏论救

下狱,出狱后安贫乐道。

②溥博如天,渊泉如渊:语出《中庸》:"夫焉有所倚?肫肫其仁,渊渊其渊,浩浩其天!"

【译文】

黄以方问先生:"关于先生'格物致知'的学说,是随时格物来致良知,那么这个良知就只是良知的一部分,而不是良知的全体,这怎么能够达到'溥博如天,渊泉如渊'的地步呢?"

先生说:"人心是天,是深渊。心的本体,无所不包,原本就是一个天,只是因为被私欲蒙蔽,天的本来面目就迷失了。心中的理是无穷无尽的,原本就是一个深渊,只因为被私欲阻塞,深渊的本来面目也就迷失了。如今心心念念都是致良知,将这些蒙蔽、阻塞都全部除去,那样本体才能恢复,就又是天和深渊了。"

先生指着天告诉他说:"比如现在面前的天,是光明晴朗的天。而四方之外的天,也会是光明晴朗的天,只是被许多房子和墙壁遮挡住了,就不能看到天的全部,如果撤去了房子和墙壁,总还是那一个天。不能说在我们面前的天就是光明晴朗的天,而外面的天就不是光明晴朗的。由此可见,部分的良知便是全体的良知,而全体的良知也就是部分的良知,都是同一个本体罢了。"

2.

【原文】

先生曰:"我辈'致知',只是各随分限所及。今日良知见在如此,只随今日所知扩充到底;明日良知又有开悟,便从明日所知扩充到底。如此方是'精一'功夫。与人论学,亦须随人分限所及。如树有这些萌芽,只把这些水去灌溉,萌芽再长,便又加水,自拱把以至合抱,灌溉之功皆是随其分限所及。若些小萌芽,有一桶水在,尽要倾上,便浸坏他了。"

【译文】

先生说:"我们这些人做'致良知'的功夫,也只是各自随自己的能力尽力而为。今天认识良知到了这个地步,便根据今天的认识延伸到底;等明日良知又有新的领悟,那么就根据明日的认识延伸到底。这样才是'精一'的功夫。和别人探讨学问,也需要根据对方的能力所及。就像是树苗萌芽的时候,只能用一点水去浇灌。等到再长一点,就加大适当的水量,等树长到两手合抱或者两臂合抱,浇的水量仍需根据树的发育情况来定。如果只是细小的树苗,把一桶水全都倒上去,就会把它泡坏了。"

3.

【原文】

问"知行合一"。

先生曰:"此须识我立言宗旨。今人学问,只因知行分作两件,故有一念发动,虽是不善,然却未曾行,便不去禁止。我今说个知行合一,正要人晓得一念发动处便即是行了。发动处有不善,就将这不善的念克倒了,须要彻根彻底,不使那一念不善潜伏在胸中。此是我立言宗旨。

"圣人无所不知,只是知个天理;无所不能,只是能个天理。圣人本体明白,故事事知个天理所在,便去尽个天理。不是本体明后,却于天下事物都便知得,便做得来也。天下事物,如名物度数、草木鸟兽之类,不胜其烦,圣人须是本体明了,亦何缘能尽知得?但不必知的,圣人自不消求知;其所当知的,圣人自能问人,如'子入太庙每事问'①之类。先儒谓'虽知亦问,敬谨之至'②,此说不可通。圣人于礼乐名物不必尽知,然他知得一个天理,便自有许多节文度数出来。不知能问,亦即是天理节文所在。"

【注释】

①"子入"一句:语出《论语·八佾》。

②"虽知"二句:语出朱熹《论语集注》引伊和靖之语:"礼者,敬而已矣。虽知亦问,谨之至也。"

有人问"知行合一"。

先生说:"这必须知道我的立论主旨。如今人们做学问,因为把知与行分而为二,所以虽然有不善的念头萌发,但还没有不善的行动,便不去禁止。我如今提出'知行合一'的论说,就是要让人们晓得只需有念头的萌发了,那就相当于做了。不善的念头萌动了,就把这个不善的念头克制住,必须彻底地连根拔起,不让它潜留在心里。这就是我立论的主旨。"

先生又说:"圣人无所不知,也只是知道一个天理;圣人无所不能,也只是能做到一个天理。圣人的本体明白,所以事事都知道它的天理所在,只去尽一个天理就行了。而不是在本体变得明白之后,才知道了天下的事物,才能做到。天下的事物,比如名物度数、草木鸟兽,等等,不计其数,圣人即使是本体明白了,也不可能什么都知道。但凡是那些不需要知道的,圣人自然不必去弄明白;而那些应当知道的,圣人自然就能够去向别人询问,就像'子入太庙每事问'这种。先儒们说'孔子虽然知道了还问,真是非常恭敬谨慎了',此种说法不全对。圣人对于礼乐名物,不必全都懂得,然而他知道一个天理,就自然会明白许多规矩礼节。不知道便问,也是规矩法度的所在之处。"

4.

【原文】

门人在座,有动止甚矜持者。先生曰:"人若矜持太过，终是有弊。”

曰：“矜持太过，何如有弊？”

曰：“人只有许多精神，若专在容貌上用功，则于中心照管不及者多矣。”

有太直率者。先生曰：“如今讲此学，却外面全不检束，又分心与事为二矣。”

【译文】

在座的众弟子们里，有一个举止行动都十分矜持的人。先生说：“人如果太过矜持，始终也是一个弊端。”

黄直问：“过于矜持，为什么会有弊端？”

先生说：“人只有这么多的精力，如果专注在外在上用功，就往往照管不到内心了。”

门人中又有过于直率的人。先生说：“现在讲‘致良知’的学说，而你在外形上全然不加检点，又是把心与事分而为二了。”

【原文】

门人作文送友行，问先生曰：“作文字不免费思，作了后又一二日常记在怀。”

曰：“文字思索亦无害，但作了常记在怀，则为文所累，心中有一物矣。此则未可也。”

又作诗送人。先生看诗毕，谓曰：“凡作文字要随我分限所及。若说得太过了，亦非‘修辞立诚’①矣。”

①修辞立诚：意为修饰言辞以诚信为本。语出《周易·乾卦·文言》："修辞立其诚，所以居业也。"

【译文】

一个门生写了一篇文章给朋友送行，便问先生："写文章不免要花费心思，而且写完之后的一两天还时常把它记在心上。"

先生说："花费心思写文章并没有害处。但是你写完之后还常记挂在心里，就被这文章牵累，在心里存了一件事情，这并不好。"

又有人写诗送人。先生看了诗之后评价说："凡是作诗写文章，要根据自己的才智尽力而为，如果说得太过，也就不是'修辞立诚'了。"

5.

【原文】

问"有所忿懥"一条。

先生曰："忿懥几件，人心怎能无得？只是不可'有'耳。凡人忿懥，着了一分意思，便怒得过当，非廓然大公之体了。故有所忿懥，便不得其正也。如今于凡忿懥等件，只是个物来顺应，不要着一分意思，便心体廓然大公，得其本体之正了。且如出外见人相斗，其不是的，我心亦怒；然虽怒，却此心廓然，不曾动些子气。如今怒人亦得如此，方才是正。"

【译文】

有人向先生请教《大学》里"有所忿懥"这一句话。

先生说："忿懥的几种情绪，例如仇怒、恐惧、好乐、忧患，人心里怎么可能没有呢？只是不应该有罢了。一个人觉得忿懥的时候，加上一份着意，就会忿懥得过度，这样就没有了心胸廓然大公的本体了。因此，当有忿懥的情绪的时候，心就不能达到中正。所以对于忿懥等几种情绪，只要顺其自然，不要过分在意，心体就自然能够廓然大公，从而达到中正平和。现在如果我外出看到别人在互相打斗，对于不对的那方，我心中也会很忿懥；然而我虽然感觉忿懥，但我的心是坦然的，不生过多的气。现在对别人生气时，也该这样，那才能中正平和。"

黄修易①录

1.

【原文】

黄勉叔问：“心无恶念时，此心空空荡荡的，不知亦须存个善念否？”

先生曰：“既去恶念，便是善念，便复心之本体矣。譬如日光被云来遮蔽，云去光已复矣。若恶念既去，又要存个善念，即是日光之中添燃一灯。”

【注释】

①黄修易：字勉叔，王阳明弟子。生平不详。

【译文】

黄勉叔问先生：“心里没有恶念的时候，心里空荡荡的，不知道是否也需要存养一个善念呢？”

先生说：“既然已经把恶念清除了，余下的便全是善念了，便恢复心的本体了。就好比太阳的光线被云遮蔽了，等云散去之后，太阳光便回来了。假若恶念已经去除，又还要存一个善念在心里，那就是在太阳光下又添了一盏灯。”

2.

【原文】

问："近来用功，亦颇觉妄念不生，但腔子里黑窣窣的，不知如何打得光明？"

先生曰："初下手用功，如何腔子里便得光明？譬如奔流浊水，才贮在缸里，初然虽定，也只是昏浊的。须俟澄定既久，自然渣滓尽去，复得清来。汝只要在良知上用功。良知存久，黑窣窣自能光明矣。今便要责效，却是助长，不成功夫。"

【译文】

黄修易问先生："我近来用功，也会感觉到不再有妄念产生，但内心深处还是一团漆黑，不知道要如何才能让它得到光明？"

先生回答说："最初用功的时候，心里怎么可能立即得到光明？譬如奔腾的浊水，才刚刚存进水缸里，虽然已经开始沉淀，但仍旧是混浊的。等到沉淀的时间长了，渣滓才能自然清除，水就再次变得清澈。你只需在良知上用功。良知存养的时间久了，自然漆黑的心会变得光明。现在就立马想让它产生效果，就是拔苗助长，不能当作功夫。"

3.

【原文】

先生曰："吾教人致良知在'格物'上用功，却是有

根本的学问。日长进一日，愈久愈觉精明。世儒教人事
事物物上去寻讨，却是无根本的学问。方其壮时，虽暂
能外面修饰，不见有过，老则精神衰迈，终须放倒。譬
如无根之树，移栽水边，虽暂时鲜好，终久要憔悴。"

【译文】

先生说："我教学生致良知，是要在格物上用功，这才是
有根基的学问。天天有所进步，时间越长就越会觉得精细聪
明。后世儒生们教别人在万事万物上去寻找，那就是没有根
基的学问了。当他还少壮时，虽然能够暂时在外在上修饰一
下，不让过失显现，但到了老年，精力就会衰竭，最终支撑
不住。就像是没有根的大树，把它移栽到水边，虽然暂时看
起来生机勃勃，但最终会变得憔悴。"

4.

【原文】

问《志于道》①一章。

先生曰："只'是志道'一句，便含下面数句功夫，
自住不得。譬如做此屋，'志于道'是念念要去择地鸠②
材，经营成个区宅。'据德'却是经画已成，有可据矣。
'依仁'却是常常住在区宅内，更不离去。'游艺'却是
加些画采，美此区宅。艺者，理之所宜者也。如诵诗、
读书、弹琴、习射之类，皆所以调习此心，使之熟于道
也。苟不'志道'而'游艺'，却如无状小子，不先去置

造区宅，只管要去买画挂，做门面，不知将挂在何处？"

【注释】

①志于道：见《论语·述而》："子曰：'志于道，据于德，依于仁，游于艺。'"

②鸠：聚集。

【译文】

有人就《论语》里《志于道》一章向先生请教。

先生说："仅仅'是志道'这一句话，就已经包括以下很多句的功夫，不能仅仅停留在志道上。譬如要建房屋，'志于道'仅仅是心心念念地选择地基和材料，将房子建成；'据德'便是规划已成的房屋，让它可以居住；'依仁'就是常常住在房屋里，不再离开；'游艺'就是在房屋里添加一些彩饰，让它变美。'艺'就是理最恰当的地方。比如诵诗、读书、弹琴、习射等，都是为了调适自己的心，让它精熟'道'。如果不先'志于道'就去'游于艺'，就会像一个糊里糊涂的小伙子，不先建造起房屋，便只管去买画装饰、做门面，不知他究竟要把画挂在什么地方！"

5.

【原文】

问："读书所以调摄此心，不可缺的。但读之之时，一种科目意思牵引而来。不知何以免此？"

先生曰：“只要良知真切，虽做举业，不为心累。总有累，亦易觉克之而已。且如读书时，良知知得强记之心不是，即克去之；有欲速之心不是，即克去之；有夸多斗靡之心不是，即克去之。如此亦只是终日与圣贤印对，是个纯乎天理之心。任他读书，亦只是调摄此心而已，何累之有？”

曰：“虽蒙开示，奈资质庸下，实难免累。窃闻穷通有命，上智之人，恐不屑此。不屑为声利牵缠，甘心为此，徒自苦耳。欲屏弃之，又制于亲，不能舍去，奈何？”

先生曰：“此事归辞于亲者多矣。其实只是无志。志立得时，良知千事万为只是一事。读书作文，安能累人？人自累于得失耳！”因叹曰：“此学不明，不知此处担阁了几多英雄汉！”

【译文】

有人问先生：“读书是为了调摄自己的心，它必不可缺。但是，读书的时候有一种科举的思虑会随之而来。不知道怎么才能避免它？”

先生说：“只要良知是真切的，即便是为了科举考试，也不会成为心的拖累。就是成了拖累，也容易发觉并且克服它。比如在读书的时候，良知知道有了强记之心是不对的，便会立刻把它克服；求速的心情也知道是不对的，也马上把它克服；有自夸争强好胜的心，也知道是不对的，也克服掉。这样的话，成天与圣贤们的心相互印证，就是一颗纯然合乎天理的心。任凭他读书，也只不过在调习自己的心罢了，怎会有拖累呢？"

问："承蒙您开导，但是无奈我天资平庸，实在很难避免这种拖累。我听说'穷通有命'，聪明的人大概会对此表示不屑，但是我为名利所牵累，心甘情愿这样，也只能独自苦恼罢了。如果想要抛弃科举，却又受制于父母，无法割舍，这到底该怎么办呢？"

先生说："把这种事归咎到父母身上的人很多啊。实际上这一切只是因为自己没有志向。志向确立了的时候，千事万事，只是良知一件事。读书写文章，怎么会拖累人呢？只是人们为自己的得失所拖累罢了。"先生因此感叹道："良知之学不明于天下，不知道还要耽误多少英雄！"

6.

【原文】

问："'生之谓性'①，告之亦说得是，孟子如何非之？"

先生曰："固是性，但告子认得一边去了，不晓得头脑。若晓得头脑，如此说亦是。孟子亦曰：'形色，天性也。'②这也是指气说。

又曰："凡人信口说，任意行，皆说'此是依我心性出来'，此是所谓生之谓性。然却要有过差。若晓得头脑，依吾良知上说出来，行将去，便自是停当。然良知亦只是这口说，这身行。岂能外得气，别有个去行去说？故曰：'论性不论气不备，论气不论性不明。'③气亦性也，性亦气也，但须认得头脑是当。"

【注释】

①生之谓性：事见《孟子·告子上》。"告子曰：'生之谓性。'孟子曰：'生之谓性也，犹白之谓白与？'曰：'然。''白羽之白也，犹白雪之白，白雪之白犹白玉之白欤？'曰：'然。''然则犬之性犹牛之性，牛之性犹人之性欤？'"这是孟子与告子关于"性"的著名论辩之一。

②"形色"二句：语出《孟子·尽心上》。

③"论性"二句：语出《河南程氏遗书》卷六。意为只讲性不讲气，不完整；只讲气不讲性，不明晰。

【译文】

有人问："'生之谓性'，告子说的这句话也有道理，为什么孟子却要否定呢？"

先生说："天性固然是与生俱来的，只是告子的认识有些偏颇，他只是把它看成是性，却不明白其中的主旨所在。如果明白了主旨，这样说也能算对。孟子也曾说'形色，天性也'。这也是针对气说的。"

先生又说："一般人信口雌黄，恣意行动，都说这是依据自己的心性来的，这就是所谓的'生之谓性'。但这样是会出差错的。如果懂得了主旨，凭借着良知去说去做，自然就会正确。但良知也只体现在自己用嘴说，自己身体力行。怎能离开气，另外再有一个东西去说去做呢？所以伊川先生说：

‘论性不论气不备，论气不论性不明。’气就是性，性也就是气，只是首先必须妥当地认清主旨。”

7.

【原文】

又曰：“诸君功夫，最不可助长。上智绝少，学者无超入圣人之理。一起一伏，一进一退，自是功夫节次。不可以我前日用得功夫了，今却不济，便要矫强做出一个没破绽的模样。这便是助长，连前些子功夫都坏了。此非小过。譬如行路的人遭蹶跌，起来便走，不要欺人做那不曾跌倒的样子出来。诸君只要常常怀个‘遁世无闷，不见是而无闷’之心，依此良知忍耐做去，不管人非笑，不管人毁谤，不管人荣辱，任他功夫有进有退，我只是这致良知的主宰不息，久久自然有得力处。一切外事亦自能不动。”

又曰：“人若着实用功，随人毁谤，随人欺慢，处处得益，处处是进德之资。若不用功，只是魔也，终被累倒。”

【译文】

先生又说：“诸君下功夫，千万不可拔苗助长。有着上等智慧的人是很少的，一般的学者们不可能直接进入圣人的境界。一起一伏，一进一退，都是下功夫的秩序。不能够因为我前些天用了功夫，而今天没有起到作用，便硬要逞强，装出一副没有破绽的模样。这就是‘助长’，连前面下的功夫也都会被搞坏的。这并非小的过失。就好比人在走路时，摔了一跤起来再走，也用不着骗人，做出一副没有跌倒过的样子来。各位只要常常怀着'遁世无闷，不见是而无闷'的心，遵从良知，坚持做下去，无论别人是非难还是讥笑，诽谤还是诋毁，不管别人荣耀还是受辱，任凭别人功夫的进退，我只需坚持不断地致良知，久而久之，自然会感觉到有力。任何外在的事物，也自然能够做到不为所动。"

又说："人如果切切实实地用功，任凭别人诋毁诽谤、欺负轻慢，处处都能得益，处处都是提升品德修养的动力。若不用功，别人的诽谤和侮辱就会如魔鬼，最终会被它累垮。"

8.

【原文】

先生一日出游禹穴①，顾田间禾曰："能几何时，又如此长了！"

范兆期②在傍曰："此只是有根。学问能自植根，亦不患无长。"

先生曰："人孰无根，良知即是天植灵根，自生生不息。但着了私累，把此根戕贼蔽塞，不得发生耳。"

【注释】

①禹穴：即禹陵。在浙江绍兴会稽山门外，传为夏禹的陵墓，为浙东著名胜迹。

②范兆期：即范引年，字兆期，号半野，王阳明学生。

有一天先生到禹穴游览，望着田间的禾苗，说："才多长时间，又长了这许多。"

范兆期在旁边说："这是因为禾苗有根。做学问如果能自己种下根底，也不会担心它们不成长。"

先生说："谁没有根呢？良知便是上天种下的灵根，自然能够生生不息。只是人们往往为私欲所牵累，使这个灵根被破坏堵塞了，不能够正常生长出来罢了。"

9.

【原文】

一友常易动气责人，先生警之曰："学须反己。若徒责人，只见得人不是，不见自己非。若能反己，方见自己有许多未尽处，奚暇责人？舜能化得象的傲，其机括只是不见象的不是。若舜只要正他的奸恶，就见得象的不是矣。象是傲人，必不肯相下，如何感化得他？"

是友感悔。

曰："你今后只不要去论人之是非。凡当责辩人时，就把做一件大己私，克去方可。"

先生曰："凡朋友问难，纵有浅近粗疏，或露才扬己，皆是病发。当因其病而药之可也。不可便怀鄙薄之心。非君子与人为善之心矣。"

【译文】

一个朋友常常容易生气，责备别人。先生警告他说："学习必须能够反省自己。如果光是责备别人，只能看见别人的不对，而看不到自己的错误。如果能反躬自省，就能看到自己很多不完善的地方，哪还有空闲工夫来责怪其他人？舜能够化解象的傲慢，主要在于他没有去发现象不对的地方。如果舜仅仅去纠正象的奸恶，就发现他的不对之处了。象又是一个傲慢的人，肯定不愿听舜的，这样怎么可能感化他呢？"

这个朋友便感到了后悔。

先生说："你今后别再去谈论别人的是非。但凡你想要责备别人的时候，就把它当作自己的一大私欲加以克制。"

先生说："朋友们在一起辩论时，难免有深有浅，或者有人急于露才、自我颂扬等，都是毛病发作。当时便顺势对症下药是可以的，只是不可怀有鄙薄的心。这不是君子'与人为善'的心了。"

10.

【原文】

问："《易》，朱子主卜筮，《程传》主理，何如？"

先生曰："卜筮是理，理亦是卜筮。天下之理孰有大于卜筮者乎？只为后世将卜筮专主在占卦上看了，所以看得卜筮似小艺。不知今之师友问答，博学、审问、慎思、明辨、笃行之类，皆是卜筮。卜筮者，不过求决狐疑，神明吾心而已。《易》是问诸天；人有疑，自信不及，故以《易》问天；谓人心尚有所涉，惟天不容伪耳。"

【译文】

有人问先生："《易经》一书，朱熹先生认为它重在卜筮，而伊川先生则认为它重在阐明天理。究竟该如何看待呢？"

先生回答说："卜筮就是理，理也就是卜筮。天下的理，哪会有比卜筮更大的呢？只是因为后代学者把卜筮算作了占卦，因此把卜筮当成了雕虫小技。他们不知道，现在师生、朋友的问答，博学、审问、慎思、明辨、笃行等，都是卜筮。卜筮，不过是解决疑问，使自己的心变得清明而已。《易经》是向上天请示；人们有了疑问，不足够自信，便用《易经》来问上天；人心依然还有偏私，只有上天容不得虚假。"

黄省曾^①录

1.

【原文】

问："'中人以下，不可以语上'^①，愚的人与之语上尚且不进，况不与之语可乎？"

先生曰："不是圣人终不与语，圣人的心忧不得人人都做圣人；只是人的资质不同，施教不可躐等，中人以下的人，便与他说性、说命，他也不省得，也须慢慢琢磨他起来。"

【注释】

①"中人"二句：语出《论语·雍也》："子曰：'中人以上，可以语上也；中人以下，不可以语上也。'"

【译文】

有人问先生："孔子说'中人以下，不可以语上'，愚笨的人，给他讲解高深的道理，尚且不会有所进步，更何况不给他说这些道理呢？"

先生说："并非圣人们不愿给他们讲解，圣人只担心不能让人人都成为圣人。只是各人的资质会有所不同，不得不因材施教。天资在中等以下的人，即便是给他讲解'性''命'的学说，他也未必能够明白，所以需要慢慢地开导启发他。"

2.

【原文】

一友问："读书不记得如何？"

先生曰："只要晓得，如何要记得？要晓得已是落第二义了，只要明得自家本体。若徒要记得，便不晓得；若徒要晓得，便明不得自家的本体。"

【译文】

一个朋友问先生："书读完了之后都记不住，怎么办？"

先生说："只需理解明白就可以了，为什么一定要记得呢？而理解明白都已经落到第二要义上了，只要使自己的本体光明就可以了。如果光是记得，未必就能明白；如果只求明白，未必就能使自己的本体光明。"

3.

【原文】

问："叔孙武叔毁仲尼①，大圣人如何犹不免于毁谤？"

先生曰："毁谤自外来的虽圣人如同免得？人只贵于自修，若自己实实落落是个圣贤，纵然人都毁他，也说他不着；却若浮云掩日，如何损得日的光明。若自己是个象恭色庄、不坚不介的，纵然没一个人说他，他的恶慝^②终须一日发露。所以孟子说'有求全之毁，有不虞之誉'^③。毁誉在外的，安能避得，只要自修何如尔。"

【注释】

①叔孙武叔毁仲尼：事见《论语·子张》："叔孙武叔语大夫于朝曰：'子贡贤于仲尼。'"叔孙武叔，名州仇，鲁大夫。

②慝：邪恶。

③有求全之毁，有不虞之誉：语出《孟子·离娄上》："有不虞之誉，有求全之毁。"虞，预料。

【译文】

有人问先生："《论语》里有'叔孙武叔毁仲尼'的记载，为什么大圣人也避免不了被诽谤？"

先生说："诋毁、诽谤是外来的东西，虽然是圣人，也不能够避免。人贵在自我修养，假若自己确确实实是个圣贤之人，纵然别人都来诋毁他，也不会对他有影响。正如浮云遮蔽太阳，它们怎么可能对太阳的光明有所损害呢？假如他自己只是一个表面端庄而内心软弱的人，即使一个说他的人都没有，他的丑恶总有一天也会表露出来的。所以孟子说'有求全之毁，有不虞之誉'。毁誉是外来的，怎么能避免？只要有自我修养，毁誉又能怎么样呢？"

4.

【原文】

刘君亮①要在山中静坐。

先生曰："汝若以厌外物之心去求之静，是反养成一个骄惰之气了；汝若不厌外物，复于静处涵养，却好。"

【注释】

①刘君亮：字元道，王阳明学生。

【译文】

刘君亮想要到山里去静坐。

先生说道："如果你是用厌烦外物的心去山里求得宁静，反倒会养成骄纵懒惰的脾气；如果你不是因为厌烦外物而到静处去修养自己，却是很好的。"

5.

【原文】

王汝中①、省曾侍坐。

先生握扇命曰："你们用扇。"

省曾起对曰："不敢。"

先生曰："圣人之学不是这等捆缚苦楚的。不是妆做道学的模样。"

汝中曰："观'仲尼与曾点言志'一章略见。"

先生曰："然。以此章观之，圣人何等宽洪，包含气象。且为师者问志于群弟子，三子皆整顿以对，至于曾点，飘飘然不看那三子在眼，自去鼓起瑟来，何等狂态！及至言志，又不对师之问目，都是狂言。设在伊川，或斥骂起来了。圣人乃复称许他，何等气象！圣人教人，不是个束缚他通做一般，只如狂者便从狂处成就他，狷者便从狷处成就他，人之才气如何同得。"

【注释】

①王汝中：王畿（1498—1583），字汝中，号龙溪，山阴（今浙江绍兴）人，王阳明学生。官至南京兵部主事，讲学四十余年，传播王学，著作有《龙溪全集》。

【译文】

王汝中与省曾在先生旁边侍坐。

先生手拿扇子递过来，说："你们用扇子吧。"

省曾连忙起身回答："不敢当。"

先生说："圣人的学问，并不是像你这样拘束痛苦的，也不是装出一副道学的模样。"

王汝中说："我看《论语》'仲尼与曾点言志'一节，能够大致看出这种礼节。"

先生说："是的，从这一章可以看出，圣人是何等宽宏大度！当老师问学生他们的志向，前三个人都恭敬地做出了回答，可是曾点却悠悠然不把那三位同学放在眼里，独自弹瑟，何等狂放！谈到自己的志向时，他又不直接回答先生的问题，口出狂言。如果换作是在伊川先生身边，恐怕早就责骂起来了。孔子居然还赞许了他，这又是怎样的风度啊！孔子教育学生，不是死守一个模式，而是对狂放的人，便从狂放这一点上来打造他；洒脱的人，便从洒脱这一点上来造就他。人的才能气质，怎么会相同呢？"

钱德洪录

1.

【原文】

何廷仁、黄正之、李侯璧、汝中、德洪侍坐。先生顾而言曰："汝辈学问不得长进，只是未立志。"

侯璧起而对曰："琪亦愿立志。"

先生曰："难说不立，未是'必为圣人之志'耳。"

对曰："愿立'必为圣人之志'。"

先生曰："你真有圣人之志，良知上更无不尽。良知上留得些子别念挂带，便非'必为圣人之志'矣。"

洪初闻时心若未服，听说到此，不觉悚汗。

【译文】

何廷仁、黄正之、李侯璧、王汝中和钱德洪在先生旁边侍坐。先生环顾他们说道："你们这些人，学问没能有所长进，原因只在于还没有立志。"

李侯璧站起来回答说："我也愿意立下志向。"

先生说："不敢说你没有立志，只是立的恐怕不是'必为圣人之志'。"

李侯璧答："那我愿意立下'必为圣人之志'。"

先生说:"如果你真的有了成为圣人的志向,在良知上就会用尽全力。如果良知上还存留别的私心欲念,就不再是'必为圣人之志'了。"

钱德洪刚开始听这段话时,心里还有所不服,现在又听到这话,已经不觉警醒流汗。

【原文】

先生曰:"良知是造化的精灵,这些精灵,生天生地,成鬼成帝,皆从此出,真是与物无对。人若复得他完完全全,无少亏欠,自不觉手舞足蹈,不知天地间更有何乐可代!"

【译文】

先生说:"良知是造化的精灵。这些精灵缔造了天地,生出了鬼神,这些都是从它们当中出来的,真是无与伦比!如果人能够完完全全地恢复它,没有一点亏欠,自然就会手舞足蹈,天地间找不到什么快乐能够代替它。"

2.

【原文】

一友静坐有见,驰问先生。

答曰:"吾昔居滁①时,见诸生多务知解,口耳异同,无益于得,姑教之静坐;一时窥见光景,颇收近效。久之渐有喜静厌动,流入枯槁之病,或务为玄解妙觉,动人听闻。故迩来只说'致良知'。良知明白，随你去静处体悟也好。随你去事上磨炼也好，良知本体原是无动无静的。此便是学问头脑。我这个话头，自滁州到今，亦较过几番，只是'致良知'三字无病。医经折肱②，方能察人病理。"

【注释】

①滁：指滁州（今安徽滁县）。

②医经折肱：语出《左传》："三折肱，知为良医。"意为久病可以成为良医。

【译文】

一个朋友在静坐的时候有了一些领悟，便马上跑过来向先生请教。

先生说："我当初住在滁州的时候，看到学生们注重知识见闻上的辩论，对学问却没有帮助。因此，我便教他们静坐。刚开始的时候，他们在静坐中触及了良知的境界，短时间内很有效果。但是时间长了，有的人渐渐有了喜静厌动，陷入枯槁死灰的弊病，或者致力于玄妙的见解。因此，近来我都只说'致良知'。良知明白了，无论你是到静处去体悟也好，或者在事情上磨炼也好，良知的本体本来就是没有动静的。这才是做学问的核心。我的这些话，从滁州到现在，我仔细琢磨过几番，只有'致良知'三个字是没有弊病的。这就好比医生，要经历过多次折肱，才能了解人的病理。"

3.

【原文】

一友问："功夫欲得此知时时接续，一切应感处反觉照管不及，若去事上周旋，又觉不见了。如何则可？"

先生曰："此只认良知未真，尚有内外之间。我这里功夫不由人急心，认得良知头恼是当，去朴实用功，自会透彻。到此便是内外两忘，又何心事不合一。"

【译文】

一个朋友问先生："我想让'致良知'的功夫持续不间断，但一旦应对具体的事情，又觉得照管不过来，等到在事物上周旋的时候，又觉得看不见良知了。怎么办才好呢？"

先生说："这只是你体认良知还不够真切，尚有内外之分。我这致良知的功夫，不能心急。体认到良知这个核心，然后在上面踏踏实实地用功，自然就能理解透彻。这样就会忘掉内外，又怎么会有心、事不统一的现象呢？"

【原文】

又曰："功夫不是透得这个真机，如何得他充实光辉？若能透得时，不由你聪明知解接得来。须胸中渣滓浑化，不使有毫发沾带始得。"

【译文】

先生又说："下功夫，如果没有透彻地理解良知的关键，怎么能使它充实光辉呢？如果想要透彻地了解，不能仅凭自己的聪明，还须净化心中的渣滓，不让它有丝毫的污染才行。"

4.

【原文】

问"通乎昼夜之道而知"。

先生曰："良知原是知昼知夜的。"

又问："人睡熟时，良知亦不知了。"

曰："不知，何以一叫便应？"

曰："良知常知，如何有睡熟时？"

曰："向晦宴息，此亦造化常理。夜来天地混沌，形色俱泯，人亦耳目无所睹闻，众窍俱翕，此即良知收敛凝一时。天地既开，庶物露生，人亦耳目有所睹闻，众窍俱辟，此即良知妙用发生时。可见人心与天地一体。故'上下与天地同流'①。今人不会宴息，夜来不是昏睡，即是妄思魇寐。"

曰："睡时功夫如何用？"

先生曰："知昼即知夜矣。日间良知是顺应无滞的，夜间良知即是收敛凝一的，有梦即先兆。"

又曰："良知在夜气发的方是本体，以其无物欲之杂也。学者要使事物纷扰之时，常如夜气一般，就是'通乎昼夜之道而知。"

【注释】

①上下与天地同流：语出《孟子·尽心上》。意为君子之心与天

地同为一体。

【译文】

有人问先生《易经》里的"通乎昼夜之道而知"该如何理解。

先生说："良知本来就是知道白天和黑夜的。"

那人又问："但是人睡熟的时候，良知不也就不知道了吗？"

先生说："如果不知道了，那怎么一叫就会有反应呢？"

问："如果良知是一直知道的，又怎么会有睡熟的时候呢？"

先生说："到了夜晚便休息，这也是造化的规律。到了晚上，天地一片混沌，形体、颜色都消失了，人的眼睛和耳朵也没什么可以去看、去听，七窍都关闭了，这就是良知收敛凝聚的时候。天地一旦开启，万物显露，人的眼睛耳朵能够有所见闻，感官再恢复正常，这就是良知发生作用的时候了。由此可见，人心与天地是一体的。所以，孟子才会说'上下与天地同流'。今天的人到了夜晚不懂得休息，不是昏睡，就是噩梦连连。"

问："睡觉的时候应该怎么用功呢？"

先生说："白天知道如何用功，晚上也就知道如何用功了。白天，良知是顺应通畅的，夜间，良知则是收敛凝聚的。有梦就是先兆。"

先生又说："良知在夜晚生发出来的时候，才是它真正的本体，因为它没有物欲混杂其中。学者如果在事物纷扰的时候，像'夜气'生发时一样，就是'通乎昼夜之道而知'了。"

5.

【原文】

先生曰："仙家说到虚，圣人岂能虚上加得一毫实？佛氏说到无，圣人岂能无上加得一毫有？但仙家说虚从养生上来，佛氏说无从出离生死苦海上来。却于本体上加却这些子意思在，便不是他虚无的本色了，便于本体有障碍。圣人只是还他良知的本色，更不着些子意在。良知之虚，便是天之太虚。良知之无，便是太虚之无形。日、月、风、雷、山、川、民、物，凡有貌象形色，皆在太虚无形中发用流行。未尝作得天的障碍。圣人只得顺其良知之发用，天地万物俱在我良知的发用流行中，何尝又有一物超于良知之外能作得障碍？"

【译文】

先生说："道家讲'虚'，圣人岂能在'虚'上再添加丝毫的'实'？佛家讲'无'，圣人又岂能在'无'上增添丝毫的'有'？但是，道家说虚，是从养生方面来说的；佛家说无，是从脱离生死轮回的苦海上来说的。它们在本体上又有着一些养生或脱离苦海的私意，便不再是'虚'和'无'的本来面目了，在本体上有了阻碍。圣人则仅仅是还原良知的本色，不会夹带一丝一毫的私意。良知的'虚'，就是上天的太虚；良知的'无'，就是太虚的无。日、月、风、雷、山、川、百姓、物件等，凡是有形貌颜色的事物，都是在太虚无形中发生运动的。从未成为过天的障碍。圣人仅仅是顺应良知的作用，这样，天地万物都在自己良知的范围之内，何曾有一物是超乎良知之外而成为障碍的呢？"

【原文】

或问："释氏亦务养心，然要之不可以治天下，何也？"

先生曰："吾儒养心未尝离却事物，只顺其天则自然就是功夫。释氏却要尽绝事物，把心看做幻相，渐入虚寂去了，与世间若无些子交涉，所以不可治天下。"

【译文】

有人问："佛家也务求养心，但它不能用来治理天下，为什么呢？"

先生说："我们儒家提倡养心，但从来没有脱离过具体的事物，只是顺应天理自然，那就是功夫。而佛教却要全部断绝人间事物，把心看作是幻象，慢慢地便进入虚无空寂中了，他们与世间再没有什么联系，因此不能治理天下。"

【原文】

或问异端。

先生曰："与愚夫愚妇同的，是谓同德；与愚夫愚妇异的，是谓异端。"

【译文】

有人问异端。

先生说:"与愚夫愚妇相同的,便叫同德;与愚夫愚妇不同的,就称之为异端。"

6.

【原文】

先生曰:"孟子不动心与告子不动心,所异只在毫厘间。告子只在不动心上着功,孟子便直从此心原不动处分晓。心之本体,原是不动的。只为所行有不合义,便动了。孟子不论心之动与不动,只是'集义'。所行无不是义,此心自然无可动处。若告子只要此心不动,便是把捉此心,将他生生不息之根反阻挠了,此非徒无益,而又害之。孟子'集义'工夫,自是养得充满,并无馁歉,自是纵横自在,活泼泼地。此便是'浩然之气'。"

又曰:"告子病源,从性无善无不善上见来。性无善无不善,虽如此说,亦无大差。但告子执定看了,便有个无善无不善的性在内。有善有恶,又在物感上看,便有个物在外。却做两边看了,便会差。无善无不善,性原是如此。悟得及时,只此一句便尽了,更无有内外之间。告子见一个性在内,见一个物在外,便见他于性有未透彻处。"

【译文】

先生说："孟子的不动心与告子的不动心，差别只在毫厘之间。告子是在不动心上用功，而孟子却直接从自己的心原本不动的地方去用功。心的本体，原来就是不动的。只是因为行为有不合义理的地方便动了。孟子不去管心动或者不动，只是'集义'。如果自己的行为无一不合乎道义，自己的心自然没有可动之处。如果像告子那样，只要求自己的心不动，就是紧扣住了自己的心，也反倒会把它生生不息的根源阻挠了，这不仅仅是徒然无用了，而且对它有所损害。孟子'集义'的功夫，自然可以将心修养得充沛，没有缺失，让它自然能够纵横自在，活泼泼的。这就是所谓的'浩然之气'。"

先生又说："告子的病根，在于他认为性无善无不善。性无善无不善，虽然这种观点也没有大的差错，但告子偏执地看，就会有个无善无不善的性夹在其间。有善有恶，又是从外物的感受上来看，就有个物在心外了，这样就是分成两边看了，就会出差错。无善无不善，性本就是如此。等领悟到了这里，这一句便能说尽了，再不会有内外之分。告子看到了一个性在心里，又看到了一个物在心外，可见他对性还有了解不透彻的地方。"

7.

【原文】

朱本思^①问："人有虚灵，方有良知。若草、木、瓦、石之类，亦有良知否？"

先生曰："人的良知，就是草木瓦石的良知。若草木瓦石无人的良知，不可以为草木瓦石矣。岂惟草木瓦石为然？天地无人的良知，亦不可为天地矣。盖天地万物与人原是一体，其发窍之最精处，是人心一点灵明。风雨露雷，日月星辰，禽兽草木，山川土石，与人原只一体，故五谷禽兽之类皆可以养人，药石之类皆可以疗疾。只为同此一气，故能相通耳。"

【注释】

①朱本思：朱得之，字本思，号近斋，靖江（今属江苏）人，曾入仕，学主道家。

【译文】

朱本思问："人有虚空的灵魂，才有良知。像草木瓦石等是不是也会有良知呢？"

先生说："人的良知，就是草木瓦石的良知。如果草木瓦石没有人的良知，就不是草木瓦石了。岂止草木瓦石是这样？如果天地没有人的良知，也不会是天地了。天地万物和人原本就是一体的，它最精妙发窍的地方，就是人心的一点灵明。风雨露雷、日月星辰、禽兽草木、山川土石，和人原本就是一体的，因此五谷禽兽可以供养人类，而药物石针则可以治疗疾病。只因为他们同属一气，所以能够相通。"

8.

【原文】

先生游南镇，一友指岩中花树问曰："天下无心外之物，如此花树，在深山中自开自落，于我心亦何相关？"

先生曰："你未看此花时，此花与汝心同归于寂。你来看此花时，则此花颜色一时明白起来。便知此花不在你的心外。"

【译文】

先生游览南镇的时候，一个朋友指着岩石里的花树问先生："天下没有心外之物，那么，就像这棵花树，它在深山中自己盛开自己凋零，跟我们的心又有什么关系呢？"

先生说："你没有看到这棵花树的时候，它与你的心一同归于寂静。而你来看这些花的时候，这花的颜色一下子就明媚起来了。由此可知，这花树并非存在你的心外。"

【原文】

问："大人与物同体，如何《大学》又说个厚薄①？"

先生曰："惟是道理自有厚薄。比如身是一体，把手足捍头目，岂是偏要薄手足？其道理合如此。禽兽与草木同是爱的，把草木去养禽兽，心又忍得？人与禽兽同是爱的，宰禽兽以养亲，与供祭祀，燕②宾客，心又忍得？至亲与路人同是爱的，如箪食豆羹，得则生，不得则死，不能两全，宁救至亲，不救路人，心又忍得？这是道理合该如此。及至吾身与至亲，更不得分别彼此厚薄。盖以仁民爱物皆从此出，此处可忍，更无所不忍矣。《大学》所谓厚薄，是良知上自然的条理，不可逾越，此便谓之义；顺这个条理，便谓之礼；知此条理，便谓之智；终始是这条理，便谓之信。"

又曰："目无体，以万物之色为体；耳无体，以万物之声为体；鼻无体，以万物之臭为体；口无体，以万物之味为体；心无体，以天地万物感应之是非为体。"

【注释】

①厚薄：语出《大学》："其所厚者薄，而其所薄者厚，未之有也。"

②燕：同"宴"。

【译文】

有人问道："您认为人与物同为一体，那为何《大学》又说'所厚者薄，所薄者厚'呢？"

先生说："只因为道理本身就分厚薄。比如人的身体是一体的，用手脚去保护头和眼睛，难道是非要薄待手脚？理当如此而已。同样喜爱动物与草木，拿草木去饲养禽兽，于心何忍？同样热爱人与禽兽，却宰杀了禽兽去供养父母，祭祀和招待宾客，又怎么忍心呢？至亲的人与路人也同样对他们心满仁爱，但是如果只有一箪食一豆羹，吃了便能活命，不吃便会死，不能保全两个人，就会救至亲的人而不是过路的人，这又怎么忍心？道理本该如此而已。说到我们自身和至亲的人，更不能分清楚彼此厚薄。大概'仁民爱物'都出自心，从心里生发出来，这里都能忍心，就没有什么不能忍的了。《大学》里说的厚薄，是良知上自然而有顺序的，不能够逾越，这就称为'义'；而顺应了这个秩序，就叫作'礼'；懂得这个顺序，就叫作'智'；始终保持这个顺序，便叫作'信'。"

先生又说："眼睛没有本体，它以万物的颜色作为本体；耳朵也没有本体，它以万物的声音作为本体；鼻子也没有本体，它以万物的气味作为本体；嘴巴也没有本体，它以万物的味道作为本体；心也没有本体，它以天地万物感应到的是非作为本体。"

9.

【原文】

一友问："欲于静坐时，将好名、好色、好货等根逐一搜寻，扫除廓清，恐是剜肉做疮否？"

先生正色曰："这是我医人的方子，真是去得人病根。更有大本事人，过了十数年，亦还用得着。你如不用，且放起，不要作坏我的方子。"

是友愧谢。

少间曰："此量非你事，必吾门稍知意思者为此说以误汝。"

在坐者皆悚然。

一个朋友问先生："想在静坐的时候，把好名、好色、好财的病根一一搜寻出来，清除干净，只怕也是剜肉补疮吧？"

先生严肃地说："这是我医人的方子，确实可以清除病根，还是有大作用的。即使过了十几年，也还能产生效用。如果你不用，就暂且把它存起来，别随便糟蹋了我的方子。"

于是朋友满怀愧疚地道了歉。

过了一会儿，先生又说："想来也不能怪你，一定是我的门人里那些略微懂一些意思的人告诉你的，反倒误导了你。"

于是，在座的人都觉得汗颜。

10.

【原文】

一友问功夫不切。

先生曰："学问功夫，我已曾一句道尽，如何今日转说转远，都不着根？"

对曰："致良知盖闻教矣，然亦须讲明。"

先生曰："既知致良知，又何可讲明？良知本是明白，实落用功便是。又不肯用功，只在语言上转说转糊涂。"

曰："正求讲明致之之功。"

先生曰："此亦须你自家求，我亦无别法可道。昔有禅师，人来问法，只把麈尾①提起。一日，其徒将其麈尾藏过，试他如何设法。禅师寻麈尾不见，又只空手提起。我这个良知就是设法的麈尾，舍了这个，有何可提得？"

少间，又一友请问功夫切要。

先生旁顾曰："我麈尾安在？"

一时在坐者皆跃然。

【注释】

①麈尾：拂尘。古人用麈等鹿科动物的尾毛做的拂尘。

【译文】

一个朋友向先生请教功夫不真切该怎么办。

先生说："做学问的功夫，我已经用一句话概括了，现在怎么越说越远，全都不着根基了呢？"

朋友说："您的致良知的学说，我们大概都已经听明白，然而还需要您再讲明一些。"

先生说："既然你已经知道致良知，还有什么需要再说明的呢？良知本来就是清楚明白的，只需切实用功就行了。如果不愿切实地用功，只会在语言上越说越糊涂。"

朋友说："正是要麻烦您讲解如何去做致良知的功夫。"

先生说："这也需要你自己去探寻，因为我也没有别的才能办法告诉你。从前有一个禅师，当别人前来问法，他只会把麈尾提起来。有一天，他的学生把他的麈尾藏了，想试试他没有麈尾怎么办。禅师找不到麈尾，便只空着手把手抬起来。我的这个良知，就是用来解释问题的麈尾，没有这个，我有什么能提起来的呢？"

不一会儿，又有一个朋友来请教功夫的要点。

先生四顾旁边的学生们说:"我的麈尾在哪儿?"

于是,在座的人都哄然而笑。

11.

【原文】

或问"至诚前知"①。

先生曰:"诚是实理,只是一个良知,实理之妙用流行就是神,其萌动处就是几,诚神几曰圣人。圣人不贵前知。祸福之来,虽圣人有所不免。圣人只是知几,遇变而通耳。良知无前后,只知得见在的几,便是一了百了。若有个前知的心,就是私心,就有趋避利害的意。邵子②必于前知,终是利害心未尽处。"

【注释】

①至诚前知:语出《中庸》:"至诚之道,可以前知。国家将兴,必有祯祥;国家将亡,必有妖孽;见乎蓍龟,动乎四体。祸福将至,善,必先知之;不善,必先知之。故至诚如神。"

②邵子:邵雍(1011—1077),字尧夫,北宋哲学家,幼随父迁共城(今河南辉县),隐居苏门山,屡授官不赴,后居洛阳,与司马光从游甚密,著有《皇极经世》等。

【译文】

有人就《中庸》里的"至诚之道"一句请教先生。

先生说:"诚就是实理,也只是良知。实理的奇妙作用就是神；而实理萌发的地方，就是几；具备了诚、神、几，就可以称为圣人。圣人并不重视预知未来。当祸福来临时，虽然他们是圣人，也难以避免。圣人只是明白'几'，遇事能够变通罢了。良知没有前后之分，只要明白现在的'几'，就能以一当百了。如果一定说要有前知的心，那就成了私心，有趋利避害的意思。邵雍先生执着于前知，恐怕还是他趋利避害的私心没有尽除的原因。"

【原文】

先生曰："无知无不知，本体原是如此。譬如日未尝有心照物，而自无物不照，无照无不照，原是日的本体，良知本无知，今却要有知，本无不知，今却疑有不知。只是信不及耳。"

【译文】

先生说："什么都知道但又什么都不知道，本体本来就是这样的。这就好像是太阳，它未曾有意去照耀万物，但世界上没有什么东西是不能被太阳照射到的。无照无不照，就是太阳的本体。良知本来什么都不知道，如今却要让它有知；本来良知是无所不知的，但现在又怀疑它会有所不知。只是因为还不够信任良知罢了。"

12.

【原文】

先生曰："'先天而天弗违'①，天即良知也。'后天而奉天时'②，良知即天也。"

"良知只是个是非之心，是非只是个好恶。只好恶就尽了是非，只是非就尽了万事万变。"

又曰："是非两字是个大规矩，巧处则存乎其人。"

"圣人之知如青天之日，贤人如浮云天日，愚人如阴霾天日。虽有昏明不同，其能辨黑白则一，虽昏黑夜里，亦影影见得黑白，就是日之余光未尽处。困学功夫，亦是从这点明处精察去耳。"

【注释】

①"先天"句：语出《周易·乾卦·文言》："夫大人者，与天地合其德，与日月合其明，与四时合其序，与鬼神合其吉凶，先天而天弗违，后天而奉天时。"

②"后天"句：同上。

【译文】

先生说："'先天而天弗违'，天就是良知；'后天而奉天时'，良知就是天。"

"良知只是辨别是非的心，而是非仅是好恶。明白了好恶，也就穷尽了是非；而明白了是非，也就穷尽了万事万物的变化。"

又说："'是非'两个字是大规矩，而灵巧的地方就在于个人了。"

"圣人的良知，就像青天里的白日；而贤人的良知，就像有浮云的天空里的太阳；愚人的良知则像阴霾天气里的太阳。虽然它们的明亮度不尽相同，但它们都是一样能够分辨黑白的，即使在昏暗的夜里，也能够影影绰绰地辨别出黑白来，因为太阳的余光仍旧没有完全消失。在困境中学习的功夫，也只是从这一点光明的地方去精细鉴察罢了。"

13.

【原文】

问："知譬日，欲譬云。云虽能蔽日，亦是天之一气合有的，欲亦莫非人心合有否？"

先生曰："喜、怒、哀、惧、爱、恶、欲，谓之七情，七者俱是人心合有的。但要认得良知明白。比如日光，亦不可指着方所。一隙通明，皆是日光所在。虽云雾四塞，太虚中色象可辨，亦是日光不灭处。不可以云能蔽日，教天不要生云。七情顺其自然之流行，皆是良知之用，不可分别善恶，但不可有所着。七情有着，俱谓之欲，俱为良知之蔽。然才有着时，良知亦自会觉。觉即蔽去，复其体矣。此处能勘得破，方是简易透彻功夫。"

【译文】

有人问先生："良知就像太阳，而人的私欲就像是浮云。浮云虽然能够遮蔽太阳，然而也是气候变化里本就具有的。莫非人的私欲也是人心本就具有的吗？"

先生说："喜、怒、哀、惧、爱、恶、欲，就是所谓的

'七情'。这七种感情是人心本来就具有的，但我们需要把良知体认清楚。就比如是太阳光，也不能指定一个方向照射。只要有一丝空隙，都会是太阳光的所在之处，即使布满了乌云，只要天地间还能依稀辨别形色，也是阳光不会磨灭的表现。不能因为浮云遮蔽了太阳，就强求天空不再产生浮云。上面所说的七种情感顺其自然地运行，都是良知在发生作用，不能认为它们有善、恶的区别，更不能对它们太执着。如果执着于这'七情'，就成了'欲'，都是良知的阻碍。然而刚开始执着的时候，良知自然能够发觉出来，发觉后便会马上清除这一阻碍，恢复它的本体。如果在这一点上能够看透，才是简易透彻的功夫。"

14.

【原文】

问："圣人生知安行是自然的，如何有甚功夫？"

先生曰："知行二字，即是功夫，但有浅深难易之殊耳。良知原是精精明明的。如欲孝亲，生知安行的，只是依此良知实落尽孝而已；学知利行者，只是时时省觉，务要依此良知尽孝而已；至于困知勉行者，蔽锢已深，虽要依此良知去孝，又为私欲所阻，是以不能，必须加人一己百、人十己千之功，方能依此良知以尽其孝。圣人虽是生知安行，然其心不敢自是，肯做困知勉行的功夫。困知勉行的却要思量做生知安行的事，怎生成得？"

有人问:"圣人生知安行是天生就有的,这话对吗?是否还需要别的什么功夫呢?"

先生说:"'知行'二字,就是功夫,只是这功夫有深浅难易的区别罢了。良知本来就是精明的,比如说孝敬父母,那些生知安行的人只不过是依照自己的良知,切切实实地尽孝而已;而那些学知利行的人,则需要时时反省察觉,努力地依照良知尽孝而已;至于那些困知勉行的人,他们受到的蒙蔽禁锢已经非常深,虽然需要依照良知去尽孝,但是又被私欲阻碍,因此不能够做到尽孝。他们需要用一百倍、一千倍的功夫,才能够做到依照良知去尽孝。圣人虽然是生知安行的,但他们在内心里也不敢肯定自己,所以愿意去做困知勉行的功夫。那些困知勉行的人,却时刻想着去做生知安行的事,这怎么可能成功呢?"

15.

问:"乐是心之本体,不知遇大故,于哀哭时,此乐还在否?"

先生曰:"须是大哭一番了方乐,不哭便不乐矣。虽哭,此心安处即是乐也。本体未尝有动。"

问:"良知一而已。文王作象①,周公系爻②,孔子赞《易》③,何以各自看理不同?"

先生曰："圣人何能拘得死格？大要出于良知同，便各为说何害？且如一园竹，只要同此枝节，便是大同。若拘定枝枝节节，都要高下大小一样，便非造化妙手矣。汝辈只要去培养良知。良知同，更不妨有异处。汝辈若不肯用功，连笋也不曾抽得，何处去论枝节？"

【注释】

①彖：《易传》中说明各卦基本观念的篇名，《彖》分上、下两篇。

②爻：指爻辞。说明《周易》六十四卦中各爻要义的文辞。每卦六爻，每爻有爻题和爻辞。爻题都是两个字：一个字表示爻的性质，阳爻用"九"，阴爻用"六"；另一个字表示爻的次序，自下而上，为初、二、三、四、五、上。如乾卦初爻："初九，潜龙勿用。""初九"是爻题，"潜龙勿用"是爻辞。

③《易》：指《易传》。包括《彖》上下、《象》上下、《系辞》上下、《文言》《序卦》《说卦》《杂卦》十篇，亦称《十翼》。据近人研究，《易》大抵系战国或秦汉之际的作品。

【译文】

有人问先生道："快乐才是心的本体，但是遭遇到变故的时候，痛心哭泣，不知道这时本体的快乐是不是还存在？"

先生说："必须是痛哭一番之后才会感觉到快乐，如果没有哭，也就不会觉得快乐了。虽然是在哭，自己的内心却得到了安慰，这也是快乐啊。快乐的本体未曾有什么变化。"

又问："良知只有一个而已。但是文王作象辞，周公作爻辞，孔子写《易经》的传（《十翼》），为何他们看到的理都有所不同呢？"

先生说："圣人岂会拘泥于死旧的模式呢？只要同样是出自良知，即便他们各自立说又何妨呢？就以一园翠竹作比，只要枝节相差不大，就是大同。如果一定要拘泥于每一根的枝节都一模一样，那就并不是自然的神妙造化了。你们只需培养良知。良知相同，就不妨各自有些差异存在了。你们这些人如果不愿意用功，就连竹笋都还没有生长出来，到哪里去谈论枝节呢？"

16.

【原文】

乡人有父子讼狱，请诉于先生。侍者欲阻之，先生听之，言不终辞，其父子相抱恸哭而去。

柴鸣治入问曰："先生何言，致伊感悔之速？"

先生曰："我言舜是世间大不孝的子，瞽瞍是世间大慈的父。"

鸣治愕然请问。

先生曰："舜常自以为大不孝，所以能孝；瞽瞍常自以为大慈，所以不能慈。瞽瞍只记得舜是我提孩长的，今何不曾豫悦我？不知自心已为后妻所移了，尚谓自家能慈，所以愈不能慈。舜只思父提孩我时如何爱我，今日不爱，只是我不能尽孝。日思所以不能尽孝处，所以愈能孝。及至瞽瞍底豫时，又不过复得此心原慈的本体。所以后世称舜是个古今大孝的子，瞽瞍亦做成个慈父。"

【译文】

乡下有两父子要打官司，请先生裁决。侍从们想要阻止他们，先生听说了之后，开导的话还没有说完，父子两个就已经抱头恸哭，然后相拥着离开了。

柴鸣治便进来问道："先生的什么话让他们这么快就感动悔悟了？"

先生说："我跟他们说舜是世界上大不孝的儿子，而瞽瞍则是世上最慈爱的父亲。"

鸣治惊讶地问先生为什么。

先生说："舜常常觉得自己大不孝，所以他才能尽孝；而瞽瞍常常觉得自己很慈爱，所以他不能做到慈爱。瞽瞍只记得舜是自己从小抚养长大的，为什么他现在就不曾取悦过自己呢？他不明白自己的心已经被后妻改变了，仍然觉得自己是慈爱的，因此就越发不能做到对舜慈爱。而舜则只想着从小开始，父亲是如何疼爱自己，现在却不疼爱了，恐怕是因为自己没有尽孝，所以每天都在想自己没有做到孝的地方，所以他就越发能尽孝了。等到瞽瞍高兴的时候，也不过是恢复了心里慈爱的本体。所以，后人都把舜当成是古今的大孝子，而认为瞽瞍是个慈爱的父亲。"

17.

【原文】

先生曰:"孔子有鄙夫来问,未尝先有知识以应之。其心只空空而已①。但叩他自知的是非两端,与之一剖决,鄙夫之心便已了然。鄙夫自知的是非,便是他本来天则。虽圣人聪明,如何可与增减得一毫?他只不能自信。夫子与之一剖决,便已竭尽无余了。若夫子与鄙夫言时,留得些子知识在,便是不能竭他的良知,道体即有二了。"

【注释】

①"孔子"之句:语出《论语·子罕》:"子曰:'吾有知乎哉?无知也。有鄙夫问于我,空空如也。我叩其两端而竭焉。'"

【译文】

先生说:"有农夫前来请教孔子,孔子也不会事先准备好了知识来回答他。孔子的内心也是空无一物的。但是他可以帮助农夫分析自己心里明白的是非,替农夫做出一个决策,这样农夫的心里便了然了。农夫知道自己的是非,便是他原本就有的天然准则。虽然圣人聪明,但对这种准则也无法有丝毫的增减。只是他们不够自信,所以孔子给他剖析了之后,他们心里的是非曲直就显现无遗了。如果孔子和他们说话时,还保留一些知识在他们心里,就不能够尽显他们的良知了,而道体也就分为两处了。"

18.

【原文】

先生曰:"'烝烝乂,不格奸'①,本注说象已进进于义,不至大为奸恶②。舜征庸后,象犹日以杀舜为事,何大奸恶如之!舜只是自进于义,以义薰烝,不去正他奸恶。凡文过掩慝,此是恶人常态;若要指摘他是非,反去激他恶性。舜初时致得象要杀己,亦是要象好的心太急,此就是舜之过处。经过来,乃知功夫只在自己,不去责人,所以致得'克谐';此是舜动心忍性、增益不能处。古人言语,俱是自家经历过来,所以说得亲切,遗之后世,曲当人情。若非自家经过,如何得他许多苦心处。"

【注释】

①烝烝乂,不格奸:语出《尚书·尧典》:"瞽子,父顽、母嚚、象傲,克谐以孝,烝烝乂,不格奸。"瞽子,指舜。象,舜之弟。烝,进。乂(yì),治理、安定。格,至。

②"本注"二句:汉代孔安国注说:"谐,和。烝,进也。言能以至孝和谐顽嚚昏傲,使进进以善自治,不至于奸恶。"

【译文】

先生说:"《尚书》中的'烝烝乂,不格奸',孔安国的本注认为，象已经慢慢上进到道义的境界，而不至于去做大奸大恶的事。舜被尧征召之后，象仍然整天想把舜杀死，这是何等奸邪的事？舜则只是学习修养自身、自我克治，不直接去纠正他的奸恶，而是用自己的克制来感化他。文过饰非，用以掩盖自己的奸恶，这是恶人们的常态；如果去指责他的是非，反倒会激发他的恶性。舜最初让象起念杀害自己，也是因为想让象变好的心意太过急切，这就是舜的过错。等事情过了之后，才明白原来功夫只在自己，不能责备别人，因此最后能有克谐的结局。这就是舜'动心忍性，增益不能'的地方。古人的言论，都是自己经历过的，所以说得特别确切。而流传到后代，歪曲变通，仍然合乎人情。如果不是自己曾经经历过，又怎能体会到古人的苦心呢？"

19.

【原文】

"人有过，多于过上用功，就是补甑①，其流必归于文过。"

"今人于吃饭时，虽无一事在前，其心常役役不宁，只缘此心忙惯了，所以收摄不住。"

"琴瑟简编，学者不可无，盖有业以居之，心就不放。"

先生叹曰："世间知学的人，只有这些病痛打不破，就不是善与人同。"

崇一曰："这病痛只是个好高不能忘己尔。"

①甑（zēng）：古代炊具。

【译文】

"人犯了过错，大多会在那个过错上用功。这就像是补破了的饭甑，必然会有文过饰非的弊病。"

"现在的人即使在吃饭的时候，没有其他事情摆在眼前，他们的心仍然忧虑不止，只因为自己的心忙碌惯了，所以收都收不住。"

"琴瑟与书籍，这两者学者们缺一不可，因为有了事情做，心就不得放纵了。"

先生感叹说："世间懂得学问的人，就只有一个毛病，那就是做不到'善与人同'。"

崇一说："这个毛病实际上只是好高骛远，不能舍己从人罢了。"

20.

【原文】

问："良知原是中和的，如何却有过、不及？"

先生曰："知得过、不及处，就是中和。"

"'所恶于上'是良知，'毋以使下'即是致知。"①

先生曰："苏秦、张仪之智，也是圣人之资。后世事业文章，许多豪杰名家，只是学得仪、秦故智。仪、秦学术善揣摸人情，无一些不中人肯綮②，故其说不能穷。仪、秦亦是窥见得良知妙用处，但用之于不善尔。"

【注释】

①所恶于上，毋以使下：语出《大学》。意为上级的无礼让我讨厌，将心比心，我对下级不要无礼。

②肯綮（qìng）：筋骨结合的地方，比喻要害处。

【译文】

问："良知原本是中和的，怎么会有过和不及的现象呢？"

先生说："知道了过和不及的地方，就是中和了。"

先生说："《大学》里说的'所恶于上'，就是良知；'毋以使下'，就是致知。"

先生说："苏秦、张仪的智谋，也是圣人的资质。后代的许多事业文章和豪杰名家，都只学到张仪、苏秦的旧智慧。而张仪、苏秦的学术里，善于揣测人情，没有哪点不是说中了别人的要害，所以说他们的学问真是难以穷尽。张仪、苏秦也能看到良知的妙用处，只是没有把它们用在善上面。"

21.

【原文】

问："古人论性，各有异同，何者乃为定论？"

先生曰："性无定体，论亦无定体，有自本体上说者，有自发用上说者，有自源头上说者，有自流弊处说者。

总而言之，只是这个性，但所见有浅深尔。若执定一边，便不是了。性之本体，原是无善、无恶的，发用上也原是可以为善、可以为不善的，其流弊也原是一定善、一定恶的。譬如眼，有喜时的眼，有怒时的眼，直视就是看的眼，微视就是觑的眼。总而言之，只是这个眼。若见得怒时眼，就说未尝有喜的眼，见得看时眼，就说未尝有觑的眼，皆是执定，就知是错。孟子说性，直从源头上说来，亦是说个大概如此。荀子性恶之说[①]，是从流弊上来，也未可尽说他不是。只是见得未精耳。众人则失了心之本体。"问："孟子从源头上说性，要人用功在源头上明彻。荀子从流弊说性，功夫只在末流上救正，便费力了。"

先生曰："然。"

【注释】

①荀子性恶之说：荀子主张性恶论，与孟子性善论相对立。《荀子·性恶》："人之性恶，其善者伪也。"

【译文】

有人问先生："古人谈论人性时，各有不同的说法，应该把哪种当成定论呢？"

先生说："人性没有固定的体，因此关于它的论述也没有定论。有从它的本体上谈论的，有从它的作用上说的，有从它的源头上谈论的，有从它的流弊上说的。总而言之，人性唯有一个，只是人们对它的见识有浅有深罢了。如果你执着于某一个方面，就会出错。人性的本体，原来就是无善无恶的。而它的运用与流弊，也是有善有恶的。就好比眼睛，有喜悦时的眼睛，有发怒时的眼睛；直视的时候，就是在看的眼睛；偷看时，就是窥视的眼睛，等等。总而言之，还只是这一双眼睛。如果人们看见了发怒时的眼睛，就说从没有过喜悦的眼睛；看到直视时的眼睛，就说没有看到过偷窥的眼睛，这都是执着的表现，是错误的。孟子说人性，是直接从源头上来说的，也只不过是说了个大概；荀子'性恶'之说，则是从它的流弊上说的，也不能完全说他不对，只是不够精全罢了。普通人却失去了心的本体。"

问的人说道："孟子从源头上说性，要求人们在源头弄明白；而荀子则是从流弊上说性，功夫都用在末流上，以求费力补救。"

先生说："是这样的。"

22.

【原文】

先生曰："用功到精处，愈着不得言语，说理愈难。若着意在精微上，全体功夫反蔽泥了。"

"杨慈湖①不为无见，又着在无声无臭上见了。"

"人一日间，古今世界都经过一番，只是人不见耳。夜气清明时，无视无听，无思无作，淡然平怀，就是羲皇世界；平旦时，神清气朗，雍雍穆穆，就是尧舜世界；

日中以前，礼仪交会，气象秩然，就是三代世界；日中以后，神气渐昏，往来杂扰，就是春秋、战国世界；渐渐昏夜，万物寝息，景象寂寥，就是人消物尽世界。学者信得良知过，不为气所乱，便常做个羲皇已上人。"

【注释】

①杨慈湖：杨简（1141—1126），字敬仲，号慈湖，浙江慈溪人。陆九渊弟子，南宋哲学家，官至宝谟阁学士。

【译文】

先生说："功夫越到精妙的地方，越不能用语言表达，说理就越困难。如果执意于精妙的地方，功夫反倒会被拘泥了。"

又说："杨慈湖并非没有自己的见解，只是他执意于无声无臭上罢了。"

"人在一天当中，就把古今的世界都经历了一遍，只是人们没有察觉。当夜气清明的时候，没有视觉和听觉，也没有思虑与行动，心怀平定淡然，这就是羲皇时代的样子；而清晨的时候，神清气爽，气息明朗，庄严肃穆，就是尧舜时代的样子；到了中午之前，人们用礼仪交往，气度井然，就是夏、商、周三代时的状况；而到了正午之后，神气渐昏，人事往来繁乱，那就是春秋、战国时的世界；待到渐渐进入昏夜，万物都安息，景象寂寥，就是人消物灭的世界了。学者只要信得过良知，不被气扰乱，就能时时做个羲皇时代的人。"

23.

【原文】

先生锻炼人处，一言之下，感人最深。

一日，王汝止出游归，先生问曰："游何见？"对曰："见满街都是圣人。"先生曰："你看满街人是圣人，满街人到看你是圣人在。"

又一日，董萝石出游而归，见先生曰："今日见一异事。"先生曰："何异？"对曰："见满街人都是圣人。"先生曰："此亦常事耳，何足为异？"盖汝止圭角未融，萝石恍见有悟，故问同答异，皆反其言而进之。

洪与黄正之、张叔谦、汝中丙戌会试归，为先生道途中讲学，有信有不信。先生曰："你们拿一个圣人去与人讲学，人见圣人来，都怕走了，如何讲得行！须做得个愚夫、愚妇，方可与人讲学。"洪又言今日要见人品高下最易。先生曰："何以见之？"对曰："先生譬如泰山在前，有不知仰者，须是无目人。"先生曰："泰山不如平地大，平地有何可见？"先生一言剪裁，剖破终年为外好高之病，在座者莫不悚惧。

【译文】

先生点化学生的时候，往往一句话，便能感人至深。

有一天，王汝止出游回来。先生问他："你在外面游玩的时候看到了什么呢？"王汝止回答道："我看到满街的人都是圣人。"先生说："你看到满街的人都是圣人的话，满街的人反过来看你也是圣人。"

又有一天，董萝石也出游回来。他见到先生便说："我今天碰到一件奇怪的事。"先生说："什么奇怪的事？"他回答说："我看见满街的人都是圣人。"先生说："这也只是寻常事情而已，有什么值得奇怪的？"大概王汝止的棱角还没有磨去，而董萝石却早有省悟，所以虽然他们的问题相同，先生的回答却是不同的，先生是依照他们的话来启发他们。

钱德洪、黄正之、张叔谦、王汝中在丙戌年（1526）参加会试回来的路上，谈到先生的学说，有人相信，有人不相信。先生说："你们扛着一个圣人去给别人讲学，别人看到圣人来了，早就吓跑了，还怎么讲？必须做个愚夫愚妇，才能够给别人讲学。"钱德洪又说，现在要看出人品的高低是很容易的。先生说："何以见得？"钱德洪答道："先生您就像是泰山，摆在眼前，只有那些有眼无珠的人才会不知道敬仰。"

先生说："但是泰山又比不上平地广阔，平地怎么发现呢？"先生这一句话，说破了我们好高骛远的毛病，在座的人无不有所警惧。

24.

【原文】

丁亥年九月，先生起复，征思田。将命行时，德洪与汝中论学，汝中举先生教言："无善无恶是心之体，有善有恶是意之动，知善知恶是良知，为善去恶是格物。"

德洪曰："此意如何？"

汝中曰："此恐未是究竟话头。若说心体是无善、无恶，意亦是无善、无恶的意，知亦是无善、无恶的知，物是无善、无恶的物矣。若说意有善、恶，毕竟心体还有善、恶在。"

德洪曰："心体是'天命之性'，原是无善、无恶的。但人有习心，意念上见有善恶在，格、致、诚、正、修，此正是复那性体功夫，若原无善恶，功夫亦不消说矣。"

是夕侍坐天泉桥，各举，请正。

先生曰："我今将行，正要你们来讲破此意。二君之见，正好相资为用，不可各执一边。我这里接人，原有此二种。利根之人，直从本源上悟入，人心本体原是明莹无滞的，原是个未发之中。利根之人一悟本体即是功夫，人己内外一齐俱透了。其次不免有习心在，本体受蔽，故且教在意念上实落为善、去恶，功夫熟后，渣滓去得尽时，本体亦明尽了。汝中之见，是我这里接利根人的。德洪之见，是我这里为其次立法的。二君相取为用，则中人上下皆可引入于道。若各执一边，跟前便有失人，便于道体各有未尽。"

既而曰："已后与朋友讲学，切不可失了我的宗旨：'无善无恶是心之体，有善有恶是意之动，知善知恶的是良知，为善去恶是格物。'只依我这话头随人指点，自没病痛，此原是彻上彻下功夫。利根之人，世亦难遇。本体功夫一悟尽透，此颜子、明道所不敢承当，岂可轻易望人。人有习心，不教他在良知上实用为善、去恶功夫，只去悬空想个本体，一切事为俱不着实，不过养成一个虚寂；此个病痛不是小小，不可不早说破。"

是日德洪、汝中俱有省。

【译文】

明嘉靖六年（1527）九月，先生重新被起用，再次奉命讨伐思恩（今广西武鸣区北）和田州（今广西田阳县北）。出征前，钱德洪和王汝中讨论先生的学问。汝中便引用先生的教诲说："无善无恶才是心之体，而有善有恶则是意的作用，知道善恶是良知，而为善去恶则叫格物。"

德洪说："你觉得这句话怎么样？"

汝中说："这句话恐怕还只是个引子，没有说全。如果说心的本体是无善无恶的，那么，意也应当是无善无恶的，知也应该是无善无恶的，物也应该是无善无恶的。如果说意有善恶之分，那还是因为心体终究是有善恶之分的。"

德洪说："心的本体是天生的性，本来就是无分善恶的。但是，人有受习性沾染的心，所以意念就有了善和恶。格物、致知、诚心、正意、修身正是恢复心体的功夫。如果意本来就没有善恶，那么，谈功夫还有什么用呢？"

当晚，德洪和汝中在天泉桥坐在先生旁边侍坐，各人说了自己的看法，请先生来评判一下。

先生说："现在我将要走了，要给你们讲明白这一点。你们两位的见解，恰好能够相互补充借用，不能够偏执于一方。

我引导的人原本就只有两种：资质高的人，便直接让他们从本源上去体悟，而人的本体原本就是晶莹无滞的，原本就是未发之中的。所以资质高的人，只要稍稍去体悟本心就是功夫了。人和己、内与外一齐都悟透了。而资质较差的一种人，他们的心难免受到沾染，本体便被蒙蔽了，因此便暂且教他们在意念上踏实地用功。等行善去恶的功夫纯熟，渣滓清除干净之后，人的本体也就自然明亮清洁了。汝中的见解，是我用来开导聪慧的人的说法；而德洪的见解，则是用来教导资质较差的人的说法。如果你们两位能够互相补充借用，那么，资质中等的人就都能够被引入正途了。而如果你们两位都偏执一个方面，那么眼下就会误导别人，对圣道也不能够穷尽。"

先生接着说："以后与朋友们一起讲学，万万不能抛弃了我的宗旨。'无善无恶是心之体，有善有恶是意之动，知善知恶是良知，为善去恶是格物。'根据我这句话因人而教，自然是没有问题的，这本来就是贯通上下的功夫。资质高的人，世上很难遇到了。能将本体功夫全都参透，这是连颜回、程颢也不敢自认的，又怎么敢随便对别人寄予这样的期望？人心受到了习性的沾染，如果不教导他在良知上切实地下为善去恶的功夫，只去凭空想一个本体，对所有的事都不去切实地应对，只会养成虚空静寂的毛病。这个毛病可不是一件小事，所以，我不能不早跟你们说清楚。"

这一天，钱德洪和王汝中又有所省悟。

黄以方录

1.

【原文】

黄以方问："'博学于文'为随事学存此天理，然则谓'行有余力，则以学文'，其说似不相合。"

先生曰："《诗》《书》六艺皆是天理之发见，文字都包在其中。考之《诗》《书》六艺，皆所以学存此天理也，不特发见于事为者方为文耳。'余力学文'亦只'博学于文'中事。"

或问"学而不思"①二句。

曰："此亦有为而言，其实思即学也。学有所疑，便须思之。'思而不学'者，盖有此等人，只悬空去思，要想出一个道理，却不在身心上实用其力，以学存此天理。思学作两事做，故有'罔'与'殆'之病。其实思只是思其所学，原非两事也。"

【注释】

①学而不思：语出《论语·为政》："子曰：'学而不思则罔，思而不学则殆。'"

【译文】

黄以方（黄直）问先生："您认为'博学于文'是要在遇到的事情上面去学习存养天理，但是这与孔子所说的'行有余力，则以学文'似乎并不一致。"

先生说："《诗经》《尚书》等六经都是天理的表现，文字都包含在里面。仔细考究《诗经》《尚书》等六经，它们都是为了存此天理，不仅仅表现在具体的事情上便是文。孔子说的'余力学文'，也是'博学于文'里的一部分。"

有人就"学而不思则罔，思而不学则殆"两句向先生请教。

先生说："这两句话是有所指的。其实，思考就是学习，学习时有了疑问就需要思考。'思而不学'的人也有，他们只是凭空去想，想要得出一个道理，却不在身心上切实地用功，学习存此天理。把思考和学习分而为二，所以就有'罔'和'殆'的弊端。其实，思也只是思考他学到的东西，原本就不是两回事。"

2.

【原文】

先生曰："先儒解'格物'为格天下之物，天下之物如何格得？且谓'一草一木亦皆有理'，今如何去格？纵格得草木来，如何反来诚得自家意？我解'格'作'正'字义，'物'作'事'字义。《大学》之所谓身，即耳、目、口、鼻、四肢是也。欲修身便是要目非礼勿视，耳非礼勿听，口非礼勿言，四肢非礼勿动。要修这个身，身上如何用得功夫？心者身之主宰，目虽视，而所以视者心也；耳虽听，而所以听者心也；口与四肢虽言、动，而所以言、动者，心也。故欲'修身'在于体当自家心体，常令廓然大公，无有些子不正处。主宰一正，则发窍于目，自无非礼之视；发窍于耳，自无非礼之听；发窍于口与四肢，自无非礼之言、动。此便是'修身'在正其心。

"然至善者，心之本体也。心之本体那有不善？如今要正心，本体上何处用得工？必就心之发动处才可着力也。心之发动不能无不善，故须就此处着力，便是在'诚意'。如一念发在好善上，便实实落落去好善；一念发在恶恶上，便实实落落去恶恶。意之所发，既无不诚，则其本体如何有不正的？故欲正其心在'诚意'。工夫到，'诚意'始有着落处。

"然'诚意'之本，又在于'致知'也。所谓'人虽不知而己所独知'者，此正是吾心良知处。然知得善，却不依这个良知便做去；知得不善，却不依这个良知便不去做。则这个良知便遮蔽了，是不能致知也。吾心良知既不得扩充到底，则善虽知好，不能着实好了，恶虽知恶，不能着实恶了，如何得意诚？故致知者，意诚之本也。

"然亦不是悬空的'致知'，'致知'在实事上格。如意在于为善，便就这件事上去为，意在于去恶，便就这件事上去不为。去恶，固是格不正以归于正。为善，则不善正了，亦是格不正以归于正也。如善此，则吾心良知无私欲蔽了，得以致其极，而意之所发，好善去恶，无有不诚矣。'诚意'工夫实下手处在'格物'也。若如此'格物'，人人便做得。'人皆可以为尧舜'，正在此也。"

【译文】

先生说："程颐先生说，格物就是穷尽天下的物。天下万物怎么可能穷尽？只说'一草一木亦皆有理'，现在你怎么去草木上一一地'格'？而且纵使格尽了草木，又怎么让它反过来'诚'自己的意呢？我觉得'格'就是'正'的意思，'物'就是'事'的意思。《大学》里所说的'身'，就是耳、目、口、鼻及四肢。想要修身，就要做到非礼勿视，非礼勿听，非礼勿说，非礼勿动。想要修身，身上怎么能用到功夫呢？心，是身的主宰。虽然是眼睛在看，但让它看的是心；虽然是耳朵在听，但让耳朵听的是心；口与四肢虽然能说能动，但让口与四肢说和动的是心。所以，想要修身，主要在于自己的心体，让它常常廓然大公，没有不中正的地方。心一旦中正了，眼睛就自然能够非礼勿视；耳朵就能非礼勿听；口和四肢就不会有不合于礼的言行。这就是《大学》中的'修身在于正心'。

"然而，至善就是心的本体，心的本体怎会有不善的？如今要'正心'，本体上哪个地方能用功呢？所以必须在心发动的地方用功。心的发动不可能没有不善的，所以，必须在这里用功，就是诚意。如果念头都发动在喜好善上，就切切实实地去好善；如果念头都发动在讨厌恶上，就实实在在地去除恶。意念的发生处既然是诚的，那么本体又怎么会有不中正的？所以，想要正心主要在于诚意。这样诚意才会有着落。

"然而，诚意的根本又在于致知。所谓'人虽不知而己所独知'，这就是我的良知所在。然而，如果知善，但不遵循良知去做，知道不善，也不遵循良知去做，那么，良知就被蒙蔽，就不能致知了。本心的良知既然不能扩充到底，虽然知道善是好的，但也不能切实地去做，即便知道恶是不好的，也不能切实地去除恶，这怎么意诚呢？所以，致知是诚意的根本。

"但是也不是凭空去致知，致知还是要从实事上入手。例如，意在行善，就要在善事上做，意在除恶，就要不去做恶事。除恶，本就是格去不正以归于正。从善，就是不善的得到纠正，也是格去不正以归于正。这样，本心的良知就不会被私欲蒙蔽了，就可以发挥到极致，而意的发动就是好善除恶，没有不诚的了。所以，格物就是诚意功夫着手的地方。像这样格物，人人都能够做到。《孟子》里说'人皆可以为尧舜'，就是这个原因。"

3.

【原文】

先生曰:"众人只说'格物'要依晦翁,何曾把他的说去用? 我着实曾用来。初年与钱友同论做圣贤要格天下之物,如今安得这等大的力量? 因指亭前竹子,令去格看。钱子早夜去穷格竹子的道理,竭其心思至于三日,便致劳神成疾。当初说他这是精力不足,某因自去穷格,早夜不得其理。到七日,亦以劳思致疾。遂相与叹圣贤是做不得的,无他大力量去格物了。及在夷中三年,颇见得此意思,乃知天下之物本无可格者。其格物之功,只在身心上做。决然以圣人为人人可到,便自有担当了。这里意思,却要说与诸公知道。"

【译文】

先生说:"世人总以为'格物'就要按照朱熹的观点,他们又何曾切实拿朱熹的观点去实践过? 我倒是真正地实践过的。以前我和朋友一同探讨,成为圣贤首先就要格天下之物,现在哪会有那么大的能力呢? 于是我指着亭前的竹子,让他去格。朋友从早到晚妄图穷尽竹子的道理,费尽了心思,等到第三天的时候,就因过度劳神病倒了。开始我还以为原因在于他精力不足,便亲自去穷格,从早到晚,但仍旧全然不理解竹子的理。到第七天的时候,我也卧床不起。由此我们不禁慨叹,圣贤真是做不成了,没有那么大的力量去格物。

等到后来，我在贵州龙场住了三年，很有些体会，这才知道，天下之物本来就没有什么可格的。格物的功夫，只能在自己的身心上下。所以我觉得人人都能够成为圣人，这样就有了一种圣人的使命。这些道理，都应该让大家知道。"

4.

【原文】

门人有言邵端峰论童子不能"格物"，只教以洒扫应对之说。

先生曰："洒扫应对，就是一件物。童子良知只到此。便教去洒扫应对，就是致他这一点良知了，又如童子知畏先生长者，此亦是他良知处。故虽嬉戏中见了先生长者，便去作揖恭敬，是他能格物以致敬师长之良知了。童子自有童子的格物致知。"

又曰："我这里言格物，自童子以至圣人，皆是此等工夫。但圣人格物，便更熟得些子，不消费力。如此格物，虽卖柴人亦是做得，虽公卿大夫以至天子，皆是如此做。"

【译文】

学生里有人说，邵端峰主张儿童不能"格物"，只应该教他们洒扫应对的功夫。

先生说："洒扫应对就是一件事，孩子的良知只有这个水平，所以教他们洒扫应对，也是致他的良知。又比如，小孩知道敬畏教师和长者，这也是他的良知的表现。所以，虽然是在嬉闹，看到教师和长者，也会去作揖表示恭敬，这就是他的格物，致他尊敬师长的良知。小孩子自然有小孩子的格物致知。"

先生又说："我在这里说的格物，从小孩子到圣人，都是这样的功夫。但是，圣人格物会更加纯熟些，不用费力。这样的格物，就是卖柴的人也能做到，公卿大夫与天子也都只能像这样做罢了。"

5.

【原文】

或疑知行不合一，以"知之匪艰"①二句为问。

先生曰："良知自知，原是容易的。只是不能致那良知，便是'知之匪艰，行之惟艰'。"

门人问曰："知行如何得合一？且如《中庸》言'博学之'，又说个'笃行之'，分明知行是两件。"

先生曰："博学只是事事学存此天理，笃行只是学之不已之意。"

又问："《易》'学以聚之'，又言'仁以行之'，此是如何？"

先生曰："也是如此。事事去学存此天理，则此心更无放失时，故曰：'学以聚之。'然常常学存此天理，更无私欲间断，此即是此心不息处，故曰：'仁以行之。'"

又问："孔子言'知及之，仁不能守之'，知行却是两个了。”

先生曰：“说‘及之’，已是行了。但不能常常行，已为私欲间断，便是‘仁不能守’。”

又问：“心即理之说，程子云‘在物为理’，如何谓心即理？”

先生曰：“‘在物为理’，‘在’字上当添一‘心’字。此心在物则为理。如此心在事父则为孝，在事君则为忠之类。”

先生因谓之曰：“诸君要识得我立言宗旨。我如今说个心即理是如何，只为世人分心与理为二，故便有许多病痛。如五伯攘夷狄，尊周室，都是一个私心，便不当理。人却说他做得当理。只心有未纯，往往悦慕其所为，要来外面做得好看，却与心全不相干。分心与理为二，其流至于伯道之伪而不自知。故我说个心即理，要使知心理是一个，便来心上做工夫，不去袭义于外，便是王道之真。此我立言宗旨。”

【注释】

①知之匪艰：语出《尚书·说命中》：“非知之艰，行之惟艰。”意为懂得道理不难，难的是去实践它。

【译文】

有弟子疑心自己知行无法合一，因此向先生求问“知之匪艰，行之惟艰”两句话。

先生说:"良知自然能知,这本来是很容易的。只是因为不能致这个良知,才会有'知之匪艰,行之惟艰'的情况。"

有弟子问先生:"知行怎样才能合一?《中庸》里说了一个'博学之',又说了一个'笃行之',很明显,是把知行当两件事情的。"

先生说:"博学是指事事都要学会存此天理,而笃行则仅仅是指学而不辍。"

弟子又问:"《易经》里说'学以聚之',又说'仁以行之',这又是为什么呢?"

先生说:"同样的。如果事事都学习存养天理,那么这颗心就再没有放纵的时候了,所以说'学以聚之'。但是,时刻学习存养这个天理,又没有私欲把它间断,这就是本心的生生不息,所以说'仁以行之'。"

又问:"孔子说'知及之,仁不能守之',不就把知和行分而为二了吗?"

先生说:"说'及之',意思就是已经行了。但如果不能做到常行不止,那就是被私欲间断了,就成了'仁不能守'。"

弟子又问:"心就是理,程颐说'在物为理',为什么要说心就是理呢?"

先生说:"'在物为理','在'的上面应该添加一个'心'字。此心在物则为理。例如,心在侍奉双亲上就是孝,在辅佐君王上就是忠等。"

先生又说:"大家应当明白我立论的宗旨,我现在说心就是理,用意何在呢?只是因为世人将心和理分而为二,所以出现了很多弊病。比如五霸攻击夷狄，尊崇周王室，都是私心，因此就不合乎理。人们却说他们的行为很合理，只是世人的心不纯净，往往艳羡他们的所作所为，只求外表做得漂亮，与心却完全不相干。把心和理分而为二，只会让自己陷入霸道虚伪而无法觉察。所以，我说心就是理，就在心上下功夫，不要袭义于外，就是王道的真谛，也是我立论的宗旨。"

6.

【原文】

又问："圣贤言语许多，如何却要打做一个？"

曰："我不是要打做一个，如曰'夫道，一而已矣'①。又曰'其为物不二，则其生物不测'②。天地圣人皆是一个，如何二得？"

"心不是一块血肉，凡知觉处便是心。如耳目之知视听，手足之知痛痒。此知便是心也。"

【注释】

①夫道，一而已矣：语出《孟子·滕文公上》："孟子云：'世子疑吾言乎？夫道一而已矣。'"

②其为物不二，则其生物不测：意为天地的法则是至诚纯一的，所以它化育的万物无法测量。语出《中庸》："天地之道，可一言而尽也。其为物不二，则其生物不测。"

【译文】

弟子问："圣人的言论有很多，为什么要把它们概括成一句话呢？"

先生说："我并不是要把它们概括起来，只是像《孟子》所说的'夫道，一而已矣'，《中庸》里说的'其为物不二，则其生物不测'。天地圣人都是一个整体，怎么可以把它们分开呢？"

"心并非指那一块血肉，凡是有知觉的地方都是心。比如耳朵眼睛懂得看或者听，而手脚懂得痛和痒。这个感觉就是心了。"

7.

【原文】

问："先儒谓'鸢飞鱼跃'，与'必有事焉'，同一活泼泼地。"①

先生曰："亦是。天地间活泼泼地，无非此理，便是吾良知的流行不息。致良知便是'必有事'的工夫。此理非惟不可离，实亦不得而离也。无往而非道，无往而非工夫。"

【注释】

①"先儒"句：程颢语，语出《河南程氏遗书》卷三："'鸢飞戾天，鱼跃于渊'，言其上下察也。此一段子思吃紧为人处，与'必有事

焉，而勿正心'之意同一活泼泼地。"程颢认为鹰飞蓝天、鱼跃深渊所体现的天地阴阳之道和人致良知的"必有事焉"一样，都是生动活泼的。鸢飞戾天，鱼跃于渊：语出《诗经·大雅·旱麓》。

【译文】

有人问："程颢先生说'鸢飞鱼跃'和'必有事焉'，都是生机勃勃的。"

先生说："是这样的。天地间生机勃勃，无非是这个天理，也就是我们良知不停歇的运动变化。致良知就是'必有事'的功夫。这个天理不仅不能够脱离，实际也脱离不了。一切皆是天理，一切都是功夫。"

【原文】

先生曰："诸公在此，务要立个必为圣人之心。时时刻刻须是'一棒一条痕，一掴一掌血'①，方能听吾说话句句得力。若茫茫荡荡度日，譬如一块死肉，打也不知得痛痒，恐终不济事，回家只寻得旧时伎俩而已。岂不惜哉？"

【注释】

①一棒一条痕，一掴一掌血：语出《朱子语类》，比喻做事要痛下决心，功夫扎实。

【译文】

先生说:"大家在这里求学,务必先确立一个做圣人的志向。时时刻刻都要有'一棒一条痕,一掴一掌血'的精神,这样在听我讲学的时候,才能觉得句句铿锵有力。如果只是浑浑噩噩地度日,像一块死肉一样,打也不知道痛痒,最终恐怕无济于事,回家之后还只是以往的老伎俩。那岂不是太可惜了?"

8.

【原文】

问:"近来妄念也觉少,亦觉不曾着想定要如何用功,不知此是工夫否?"

先生曰:"汝且去着实用工,便多这些着想也不妨。久久自会妥贴。若才下得些功,便说效验,何足为恃?"

一友自叹:"私意萌时,分明自心知得,只是不能使他即去。"

先生曰:"你萌时,这一知处便是你的命根,当下即去消磨,便是立命功夫。"

【译文】

有人问:"近来我感觉虚妄的念头少了,也不去想一定要怎么怎么用功,不知这是否也是功夫?"

先生说:"你只管去实实在在地用功,即便有了这些想法也无妨。等时间长了，自然就会变得妥当。如果才刚刚用了一点功夫就想要效果，怎么可能靠得住呢？"

有位朋友感叹道："内心萌发了私意的时候，心里明明很清楚，只是不能够马上把它剔除掉。"

先生说："私意萌发的时候，你能感觉到，这一知就是你立命的功夫，而当下就能立刻把私意消磨掉，这就是致良知的功夫。"

9.

【原文】

问："人心与物同体。如吾身原是血气流通的，所以谓之同体。若于人便异体了，禽兽草木益远矣。而何谓之同体？"

先生曰："你只在感应之几①上看，岂但禽兽草木，虽天地也与我同体的，鬼神也与我同体的。"

请问。

先生曰："你看这个天地中间，甚么是天地的心？"

对曰："尝闻人是天地的心②。"

曰："人又甚么教做心？"

对曰："只是一个灵明。"

"可知充天塞地中间，只有这个灵明。人只为形体自间隔了。我的灵明，便是天地鬼神的主宰。天没有我的灵明，谁去仰他高？地没有我的灵明，谁去俯他深？鬼神没有我的灵明，谁去辩他吉凶灾祥？天地鬼神万物，离却我的灵明，便没有天地鬼神万物了。我的灵明，离却天地鬼神万物，亦没有我的灵明。如此，便是一气流通的，如何与他间隔得？"

又问："天地鬼神万物，千古见在，何没了我的灵明，便俱无了？"

曰："今看死的人，他这些精灵游散了，他的天地万物尚在何处？"

【注释】

①感应之几：意为主体与客体之间微妙的感应。

②人是天地的心：语出《礼记·礼运》："故人者，天地之心也，五行之端也，食味、别声、被色而生者也。"

【译文】

有人跟先生说："先生说人心与物是同为一体的。就像我的身体，原本就血气流通，所以说它是同体。但是对于别人，我就是异体了，和禽兽草木差得就更远了。可是为什么还说是同为一体的呢？"

先生说："你只要从微妙的感应上看就会明白，岂止是禽兽草木，天地与我也是同为一体的，鬼神也是和我同为一体的。"

那人又问该如何解释。

先生说："你看看，天地之间，什么东西才是天地的心呢？"

那人回答说："我曾听说人是天地的心。"

先生说："那人又把什么东西当作心？"

答说："只有一个灵魂。"

先生说："由此可见，充盈天地间的，唯有这个灵魂。人为了自己的形体，把自己跟其他一切都隔离开了。我的灵魂就是天地鬼神的主宰。如果天没有我的灵魂，谁去仰望它的高大？如果地没有我的灵魂，谁去俯视它的深厚？如果鬼神没有我的灵魂，谁去分辨它的吉凶福祸？天地鬼神万物，如果离开了我的灵魂，也就没有天地鬼神万物的存在了。我的灵魂离开了天地鬼神万物，也同样不会存在了。这些都是一气贯通的，怎么能把它们间隔开来呢？"

又问："天地鬼神万物，千古长在，为什么没有我的灵魂，它们就不存在了？"

先生说："现在你去看那些死了的人，他们的灵魂都已经游散，他们的天地鬼神万物还在哪里呢？"

10.

【原文】

先生曰："人生大病，只是一'傲'字。为子而傲必不孝，为臣而傲必不忠，为父而傲必不慈，为友而傲必不信。故象与丹朱俱不肖①，亦只一'傲'字，便结果了此生。诸君常要体此。人心本是天然之理，精精明明，无纤介染着，只是一'无我'而已。胸中切不可'有'，'有'即傲也。古先圣人许多好处，也只是'无我'而已。'无我'自能谦，谦者众善之基，傲者众恶之魁。"

又曰："此道至简至易的，亦至精至微的。孔子曰：'其如示诸掌乎。'②且人于掌何日不见，及至问他掌中多少文理，却便不知。即如我良知二字，一讲便明，谁不知得？若欲的见良知，却谁能见得？"

问曰："此知恐是无方体③的，最难捉摸。"

先生曰："良知即是《易》，'其为道也屡迁，变动不居，周流六虚，上下无常，刚柔相易，不可为典要，惟变所适。'④此知如何捉摸得？见得透时便是圣人。"

【注释】

①象：舜的弟弟，为人狂傲，常怀杀舜之心。丹朱：尧的儿子，傲慢荒淫，尧将王位禅让于舜而不传丹朱。

②其如示诸掌乎：语出《中庸》："明乎郊社之礼、禘尝之义，治国其如示诸掌乎！"又据《论语·八佾》："或问禘之说。子曰：'不知也。知其说者之于天下也，其如示诸斯乎！'指其掌。"

③方体：语出《周易·系辞上》："故神无方而易无体。"方，方位。体，形体。

④"其为道也屡迁"七句：语出《周易·系辞下》。意为《易》的法则常常变化，在六个爻位之间流动，或变在上，或变在下，阴变为阳，阳变为阴，没有一定的模式，不可拘泥，只有顺应它的变化才能恰当应用。

【译文】

先生说："人生最大的毛病就是傲慢。子女傲慢就必然会不孝，臣子们傲慢就必然会不忠诚，父母傲慢就必然不慈爱，朋友傲慢就必然不守信。所以，象与丹朱都不贤明，也只是因为傲慢，而让他们了结了自己的一生。你们各位要常常体会这一点。人心原本就是天然的理，精明纯净的，没有纤毫沾染，只是有一个'无我'罢了。心里万万不能'有我'，有了便是傲慢了。古代圣贤有许多长处，也只是'无我'罢了。'无我'自然能做到谦谨。谦谨是众善的基础，傲慢则是众恶的源泉。"

先生说："圣道其实极其简单易行，也极其精细微妙。孔子曾说：'其如示诸掌乎。'人的手掌，哪一天不曾看到呢？但是问他手掌上有多少纹理的时候，他就不知道了。就如同我说的这'良知'二字，讲了就能够明白，谁不晓得呢？但如果要他真正理解，又有谁能做到呢？"

有人便问："良知恐怕是没有方向、没有形体的，因此最难捉摸。"

先生说："良知就如《易》理：'其为道也屡迁，变动不居，周流六虚，上下无常，刚柔相易，不可为典要，惟变所适。'这良知怎么可能捉摸得到呢？只要把良知理解透了，就变成圣人了。"

11.

【原文】

邹谦之尝语德洪曰："舒国裳曾持一张纸，请先生写'拱把之桐梓'一章①。先生悬笔为书到'至于身而不知所以养之者'，顾而笑曰：'国裳读书，中过状元来，岂诚不知身之所以当养？还须诵此以求警。'一时在侍诸友皆惕然。"

【注释】

①"拱把之桐梓"一章：语出《孟子·告子上》："孟子曰：'拱把之桐梓，人苟欲生之，皆知所以养之者。至于身，而不知所以养之者，岂爱身不若桐梓哉？弗思甚也！'"拱，两手合握。把，一只手握。身，指人自身。

【译文】

邹谦之曾对钱德洪说："舒国裳曾经拿一张纸，请先生帮他写《孟子》里'拱把之桐梓'一章。先生写到'至于身而不知所以养之者'的时候，回过头来笑着说：'国裳读书，还中过状元来着，难道他是真的不明白怎么修身吗？只是他仍需要背诵这一章来警诫自己。'一时间，在座的各位朋友都警醒起来。"

钱德洪跋

嘉靖戊子冬，德洪与王汝中奔师丧至广信，讣告同门，约三年收录遗言。继后同门各以所记见遗。洪择其切于问正者，合所私录，得若干条。居吴时，将与《文录》并刻矣。适以忧去，未遂。当是时也，四方讲学日众，师门宗旨既明，若无事于赘刻者。故不复营念。去年，同门曾子才汉得洪手抄，复傍为采辑，名曰《遗言》，以刻行于荆。洪读之，觉当时采录未精，乃为删其重复，削去芜蔓，存其三分之一，名曰《传习续录》，复刻于宁国之水西精舍。今年夏，洪来游蕲，沈君思畏曰："师门之教久行于四方，而独未及于蕲。蕲之士得读《遗言》，若亲炙夫子之教。指见良知，若重睹日月之光。惟恐传习之不博，而未以重复之为繁也。请裒其所逸者增刻之。若何？"洪曰："然。"

师门致知格物之旨，开示来学，学者躬修默悟，不敢以知解承，而惟以实体得。故吾师终日言是而不惮其烦，学者终日听是而不厌其数。盖指示专一，则体悟日精，几迎于言前，神发于言外，感遇之诚也。今吾师之没未及三纪，而格言微旨渐觉沦晦，岂非吾党身践之不力，多言有以病之耶？学者之趋不一，师门之教不宣也。乃复取逸稿，采其语之不背者，得一卷。其余影响不真，与《文录》既载者，皆削之。并易中卷为问答语，以付黄梅尹张君增刻之。庶几读者不以知解承而惟以实体得，则无疑于是录矣。

嘉靖丙辰夏四月，门人钱德洪拜书于蕲之崇正书院。

【译文】

明嘉靖七年（1528）冬，我（钱德洪）和王汝中因为先生的丧事到达广信（今江西省上饶市），在给同门师友的讣告中，我们商定三年内收录先生的遗言。这之后，学友们陆续寄来各自所作的记录。我挑选了其中比较优秀的，加上我自己的记录，共若干条。在吴（今江苏省苏州市）时，我打算把这些记录和《文录》共同刻印，其时又正逢我因守丧离职，未能遂愿。当时，天下讲学的与日俱增，先生的学问宗旨天下既然已共晓，好像没有必要再做刻印，因此，我对这件事也就不再牵挂了。去年，学友曾才汉获得了我的手抄本，又四处收辑了一些，取名《遗言》，在荆州刊刻发表。我阅读《遗言》，甚感采录得不够精确，因而删削了其中重复繁杂的，保留了《遗言》的三分之一，并取名《传习续录》，在安徽宁国的水西精舍刊刻出版。今夏，我来到湖北蕲春，沈思畏对我说："先生的学说早已天下传播，但是这里还未流传到。蕲春的学者读到《遗言》，有如亲自聆听先生的教诲，指见良知，有如重见日月的光辉。只担忧收录得不广博，并不因其中的重复而感到累赘。请您把散失的部分收集起来刊刻出版，如何？"我答道："当然可以。"

先生致知格物的主张，开导点化了学习的人，学习的人亲自修习，默默领悟，不敢单在知识上体会而唯求通过切实理解而有所心得。所以，先生整天不厌其烦地讲说致知格物，弟子们整天不厌其烦地听讲。因为指示专一，领悟就会更加精细。先生还没说，弟子已知要讲什么，言外之意，早已心领神会，充分体现了教学双方的诚心。但是，先生逝世到今天还没有三纪（一纪为十二年），可他老人家的格言和宗旨逐渐暗淡了，这难道不是我们这些弟子身体力行得不够，凭口空说太多造成的后果吗？弟子的目标不同，先生的学说就得不到光大。于是，我又收集了一些未刊刻的记录，采用其中不违背先生主张的，编成一卷。其余真伪难辨的和《文录》已刊刻过的，全删掉了。我将中卷改成问答的形式，交付黄梅县令张先生增刻发行。希望读者朋友不是从文义的解释上来阅读这本书，注重切身体会方能有所收益。如此，就不会对这本书存疑了。

嘉靖三十五年（1556）夏四月，弟子钱德洪谨跋于蕲春崇正书院。